KURT TEPPERWEIN

Jungbrunnen Entsäuerung

GOLDMANN
Lesen erleben

Buch

Unser Körper ist dafür geschaffen, etwa 130 Jahre alt zu werden. Es ist unsere Lebensweise, die uns vorzeitig altern oder krank werden lässt und unseren Tod beschleunigt. Übersäuerung ist die Grundlage der meisten Krankheiten. Unnatürliche Ernährungsgewohnheiten haben dazu geführt, dass der Basenanteil in unserem Körper ständig zu gering ist. Kurt Tepperwein, der sich seit Jahrzehnten mit den Ursachen von Krankheiten beschäftigt, erläutert in seinem Buch, warum die Übersäuerung des Körpers so gefährlich ist und was wir tun können, um das Säure-Basen-Verhältnis wieder in Harmonie zu bringen. Der Leser wird angeregt, sein Säurepotenzial zu bestimmen und seine individuelle Säuregrafik zu erstellen. Darüber hinaus enthält das Buch eine Fülle von Informationen für eine gesunde Ernährungs- und Lebensweise sowie einen Bezugsquellennachweis für Basenprodukte.

Autor

Kurt Tepperwein, geboren 1932 in Lobenstein, war erfolgreicher Unternehmer und Unternehmensberater, ehe er sich 1973 aus dem Wirtschaftsleben zurückzog. Er wurde Heilpraktiker und Forscher auf dem Gebiet der wahren Ursachen von Krankheit und Leid. Seit 1984 leitet er die Internationale Akademie für geistige Wissenschaft. Die Anwendung der von ihm geschaffenen Technik des Mental- und Intuitionstrainings ist heute für viele Menschen unverzichtbarer Bestandteil ihres Lebens.

Weitere Goldmann-Taschenbücher von Kurt Tepperwein:

Die Geistigen Gesetze (21610) · Was wünschst du dir vom Leben? (21949)

KURT TEPPERWEIN

JUNGBRUNNEN ENTSÄUERUNG

Wohlbefinden rundum
durch ein harmonisches
Säure-Basen-Verhältnis

GOLDMANN

Die hier vorgestellten Informationen sind nach bestem Wissen und Gewissen geprüft, dennoch übernehmen der Autor und der Verlag keinerlei Haftung für Schäden irgendeiner Art, die sich direkt oder indirekt aus dem Gebrauch der hier vorgestellten Anwendungen ergeben. Bitte nehmen Sie bei ernsthaften Beschwerden professionelle Diagnose und Therapie durch ärztliche und naturheilkundliche Hilfe in Anspruch.

26. Auflage
Originalausgabe Mai 2001

in der Penguin Random House Verlagsgruppe GmbH,
Neumarkter Str. 28, 81673 München
Umschlaggestaltung: buchcover.com
Satz: Uhl + Massopust, Aalen
Redaktion: Gerhard Juckoff
WL · Herstellung: WM
Druck und Bindung: GGP Media GmbH, Pößneck
Printed in Germany
ISBN 978-3-442-14207-1

www.goldmann-verlag.de

Wenn du nicht bereit bist, dein Leben zu ändern,
kann dir nicht geholfen werden.

HIPPOKRATES (460–377 v. Chr.)

Inhalt

Einleitung:

Entsäuerung tut Not

Jeder hat einen Körper, der dafür geschaffen ist, etwa 130 Jahre alt zu werden. Es sind unsere Gewohnheiten, die uns gesund alt werden lassen oder zu Krankheit und frühem Tod führen.

Jeden Ärger, jeder Stress, jede unnatürliche Nahrung, jedes unnatürliche und damit lebensfremde Verhalten bucht von unserem »Lebenskonto« etwas ab, bis nur noch ein kleiner Teil dessen bleibt, was hätte sein können. Gleichzeitig wird damit die Ursache gesetzt für Krankheit und Leid. Das Schöne ist, wir können das jederzeit stoppen und ins Gegenteil verkehren. Lange zu leben in Gesundheit und Vitalität ist ein höchst erfreulicher Vorgang, ein Geschenk, das wir uns selbst jederzeit machen können. Es erfordert keine großen Anstrengungen und es führt bei *jedem* zum gleichen erfreulichen Ergebnis, wir bleiben deutlich länger jung und bis ins hohe Alter gesund und vital.

Es gibt unzählige Krankheiten, aber nur eine einzige Ursache: eine unnatürliche, nicht lebensgerechte Lebensweise. Die Lebensweise ist falsch, wenn wir nicht gesund sind und uns nicht in uns wohl fühlen. Für die unnatürliche Lebensweise gibt es zwei mögliche Ursachen: 1. Unwissenheit und 2. Nachlässigkeit. Beide sind jederzeit zu beheben. Und das einzige wirksame Medikament ist *Einsicht*. Viele aber nehmen ein Mittel gegen den Schmerz, und wenn der Schmerz verschwindet, bilden sie sich ein, gesund zu sein.

Übersäuerung gilt heute als eine der gefährlichsten Zivilisationskrankheiten, denn die Gesundheit ist unmittelbar abhängig vom Säure-Basen-Gleichgewicht unseres Körpers. Übersäuerung ist die Grundlage der meisten Krankheiten, und eine gründliche Entsäuerung und Remineralisierung des Körpers ist die Grundlage jeder Therapie. Das geschieht vor allem durch eine natürliche, basenreiche Ernährung. Alle sprechen vom Waldsterben und vom sauren Regen. Aber die gleichen Schadstoffe, die unsere Wälder sterben lassen, zerstören auch unsere Gesundheit. Erst stirbt der Wald, dann stirbt der Mensch. Der saure Regen führt zu sauren Böden, und saure Nahrung führt zum übersäuerten Menschen. Diese unnatürliche Übersäuerung des Menschen führt auch zu früher Krankheit und vorzeitigem Altern.

Der erste Schritt, das zu ändern, besteht darin, die Unwissenheit darüber zu beseitigen. Der zweite Schritt ist, das NOT-wendige zu tun und natürliche Lebensgewohnheiten anzunehmen.

Früher oder später *müssen* wir uns alle mit unserer Gesundheit befassen. Je früher wir damit beginnen, desto erstaunlicher und großartiger ist das, was wir erreichen können. Nun ist es zwar wichtig, damit so früh wie möglich zu beginnen, aber auch ein Achtzigjähriger kann *innerhalb weniger Stunden* seine Gesundheit entscheidend verbessern.

Die Schritte zu optimaler Gesundheit sind weitgehend bekannt, und es zeigt sich eindeutig: Krankheit und vorzeitiges Altern sind ein Produkt unnatürlicher Lebensgewohnheiten. Die medizinische Forschung hat in letzter Zeit geradezu revolutionäre neue Erkenntnisse gebracht, die zu einem unglaublichen Durchbruch geführt haben, auf dem Weg zu vollkommener Gesundheit und Vitalität bis ins hohe Alter. Wir leben heute im Informationszeitalter, und doch sind wichtige, oft sogar lebenswichtige Informationen weitgehend unbekannt.

So gibt es Volksgruppen und sogar ganze Völker, bei denen es ganz normal ist, über hundert Jahre alt zu werden, ohne jemals krank zu sein. Das beweist doch, dass es anscheinend auch in der heutigen Zeit möglich ist. Dabei ist erstaunlich, wie oft ganz einfache Schritte in kürzester Zeit eine fast unglaubliche Verbesserung der Gesundheit bewirken können. Der wichtigste Schritt, Grundlage *jeder* Therapie und *Voraussetzung* jeder Heilung und Gesundheit bis ins hohe Alter, ist die Entsäuerung und Remineralisierung des Körpers.

In der heutigen Zeit sagt dazu Professor H. Heine, Leiter des Anatomischen und Klinisch-Morphologischen Instituts der Universität Witten-Herdecke: »Jede chronische Krankheit beginn zunächst mit lokalen, ›versteckten‹ Azidosen, die in einer globalen, latenten Azidose der Grundsubstanz mit entsprechend entzündlichen Zellreaktionen und schließlich einer Etablierung eines Circulus vitiosus mit zunehmendem Verlust der Regelmöglichkeiten (›Erstarren‹) der Grundsubstanz bei manifester Azidose enden.«

Eine Heilungschance eröffnet nach Prof. Heine allein »der Abbau der chronischen Azidose (u. a. durch Anheben der Alkalireserven und Radikalenfang (u. a. Gemüse, Hülsenfrüchte, Vitamin C)«. Andere schulmedizinische Therapien, so sein Fazit, die die Azidose beseitigen könnten, gibt es nicht.

Das, was Sie tagtäglich tun, bestimmt,
wie und wie lange Sie leben werden!

1

Warum wir sauer sind

Alles Leben begann im Meer, und auch heute noch besteht unser Körper zu mehr als 70% aus Wasser. Der pH-Wert des Meerwassers liegt bei 8 bis 8,5. Unser Körper hält im Blut einen pH-Wert von 7,35 bis 7,4 mit nur ganz geringen Schwankungen aufrecht. Würde er nur etwas tiefer sinken, müssten wir sterben. Unser Leben hängt also davon ab, dass der Körper im neutralen, eher leicht basischen Bereich bleibt.

In der Naturheilkunde ist der Ausgleich des Säure-Basen-Zustands des Körpers die wichtigste Grundlage jeder Behandlung, ohne die jede andere Behandlung nicht wirken kann. Ernährungsforscher wie Ragnar Berg, Dr. Franz Mayr, Maximilian Bircher-Benner oder Friedrich Sander haben immer wieder auf den Ausgleich des Säure-Basen-Haushaltes des Körpers als wichtigste Grundlage unserer Gesundheit hingewiesen, auch wenn sie den dafür geforderten wissenschaftlichen Nachweis nicht erbringen konnten. So blieb diese lebenswichtige Tatsache bis heute medizinisch unbeachtet, und die meisten Ärzte erkennen die Azidose nicht als die große Gefahr für unsere Gesundheit, verharmlosen sie eher als Stoffwechselstörung. Hinzu kommt, dass medizinisch der Säurezustand des Körpers üblicherweise im Blut gemessen wird, und das hält der Körper bis auf seltene Ausnahmen streng im neutralen Bereich.

Machen wir uns bewusst: Die Verschiebung des Säure-Basen-Gleichgewichtes, wie sie heute schon fast normal ist, tötet nicht nur menschliche Zellen, sondern *jedes* Leben.

Nun entstehen durch den Stoffwechselprozess ständig Säuren im Körper, wie Harnsäure, Kohlensäure, Milchsäure, Essigsäure und sogar Salzsäure, die den Zustand der Körperübersäuerung und damit Zellzerstörung noch beschleunigen, wenn sie nicht durch gesunde Nieren abgebaut und ausgeschieden werden.

Säuren haben einen zerstörenden Einfluss. Sie können sogar Stein oder Metall zerstören. Bleiben sie im Körper, ohne dass sie durch Basen neutralisiert werden, führt dies zwangsläufig zu den verschiedensten Krankheiten.

Wir brauchen uns nur umzuschauen, um zu erkennen, wie wichtig das Säure-Basen-Gleichgewicht für unseren Körper ist und wie gefährlich, ja Leben zerstörend die Übersäuerung wirkt. Das Waldsterben ist auf die Übersäuerung des Bodens zurückzuführen, der durch den sauren Regen entsteht. Derselbe saure Regen zerfrisst in wenigen Jahren jahrhunderte alte Dome, sodass die Figuren an den Fassaden heute oft keine Gesichter mehr haben. Wenn die Säure sogar dem Stein so zusetzt, können Sie sich vorstellen, welch große Belastung die Übersäuerung für Ihren Körper darstellt.

Krankheiten sind keineswegs etwas Unvermeidliches, wie uns die *Hunza* und andere langlebige Völker in der heutigen Zeit eindeutig beweisen, sondern Gesundheit ist unser ganz natürlicher Zustand. Unsere Krankheiten ziehen wir uns erst durch jahrelanges Fehlverhalten zu. So hat die Zahnkaries wie unzählige andere Erkrankungen nur einen Grund, eine einzige Ursache: die Übersäuerung. Aber auch Rheuma, Gicht, Arthritis und Nierensteine werden durch Säuren verursacht. Wenn wir uns bewusst machen, dass nichts, was uns die Natur als Nahrung ursprünglich anbietet, Säuren enthält, können wir erkennen, dass unser Stoffwechsel auf die Verwertung von Säuren nicht angelegt ist. Selbst die Säuren im Obst werden mit dem Reifeprozess des Obstes weitgehend abgebaut. Wir aber ernten es unreif, weil es so leichter zu vermarkten ist, und schaden uns damit.

Unsere unnatürlichen Ernährungsgewohnheiten haben dazu geführt, dass der Basenanteil praktisch ständig zu gering und der Körper bei den meisten Menschen übersäuert ist. Dazu kommen unnatürlich viel Ärger und Stress, die zusätzlich den Säureanteil erhöhen. Solange der Körper noch Basen aus dem Bindegewebe, den Blutgefäßen und Knochen entnehmen kann, versucht er, damit den Säureüberschuss zu neutralisieren. Dadurch aber wird der Körper entmineralisiert, die Adern und Knochen werden brüchig, was zu Herzinfarkt, Schlaganfall oder Osteoporose führt, aber auch zu Rheuma, Gicht, Arthrose, Wirbeldeformationen usw. Wer hätte gedacht, dass auch Haarausfall, Depressionen, Ekzeme und Karies die Folge von Übersäuerung sind? Die Übersäuerung hat eine aufputschende und lähmende Wirkung zugleich. Man fühlt sich aufgedreht und doch schlapp, ermüdet sehr schnell und braucht lange Erholungsphasen.

Ein übersäuerter Organismus *kann* nicht gesund sein. Je größer die Säurebelastung, desto schwer wiegender die Krankheit.

Zusätzlich wird jeder Mensch unzähligen und leider oft auch unerkannten Giften ausgesetzt. Ich spreche von den Rückständen der Insektizide, Pestizide und Herbizide, aber auch von den unzähligen Nahrungszusätzen, wie Konservierungsstoffen, Farbstoffen u. a., nicht zu vergessen die Chlorierung von Trink- und Badewasser. Alles zusammen ergibt eine Vielzahl meist unbekannter Spätfolgen.

Der Körper gibt sein Bestes, um sich schlackenfrei zu halten. Vor allem die höheren Funktionen, wie Gehirn, Augen, Ohren und das Herz, werden nur im äußersten Notfall als Schlackendeponien genutzt. Umso ernster ist es zu nehmen, wenn die Sicht getrübt ist, oder gar ein Gehörsturz eintritt. Schlaganfall und Herzinfarkt sind dann die letzten Stationen eines übersäuerten und verschlackten Körpers und oft auch sein Ende.

Es beginnt damit, dass der Körper gezwungen ist, seine wertvollen Mineralstoffdepots abzubauen, um die Säureflut zu neutralisieren. Als Folge davon muss er eine Mülldeponie nach der anderen anlegen, weil er keine andere Möglichkeit hat, so viele Säuren auszuscheiden. Dabei ist diese ganze Entwicklung nicht nur leicht vermeidbar, sie ist vor allem jederzeit reversibel. In ein bis drei Jahren kann der Körper wieder gereinigt sein, die Sondermülldeponien sind aufgelöst und die Mineralstoffdepots wieder randvoll gefüllt. Der Geist ist wieder klar, wie wir es längst vergessen, vielleicht in der Jugend einmal erlebt haben, und die innere Schönheit des Menschen tritt wieder hervor.

Die Hauptursachen für die Übersäuerung des Körpers

Im Allgemeinen:
- falsche Ernährung (denaturierte Nahrungsmittel)
- falsche Essgewohnheiten
- falsche Lebensweise

Im Einzelnen:
- zu viel Eiweiß
- Zucker
- Alkohol
- Nikotin
- gesättigte Fettsäuren
- Umweltgifte
- Genussmittel (besser: Genussgifte)
- Elektrosmog
- chemische Arzneimittel
- Ärger und Aggressionen
- Stress und unverarbeitete seelische Belastungen

Das Bindegewebe: Puffersystem und Säurespeicher

Säuren gelangen zunächst ins Blut. Ist die Pufferkapazität des Blutes jedoch erschöpft, wird der Säureüberschuss im Bindegewebe abgelagert. Die Zellen des Bindegewebes sind robuster und werden nicht so leicht durch die Giftstoffe geschädigt. Hier lagern die Säuren, bis sie von den Nieren entsorgt werden können. Das andere große Ausscheidungsorgan ist die Lunge. Über diese beiden Ausscheidungsorgane versucht der Organismus, überschüssige Säuren schnellstmöglich zu entsorgen. Bevor Säuren in den Urin abgegeben werden können, müssen sie durch Basen neutralisiert werden.

Das Bindegewebe umgibt alle Körperzellen wie eine

Schutzschicht. Die gesamte Versorgung der Zellen sowie der Abtransport der Abbauprodukte erfolgt über das Bindegewebe. Aber auch die Informationsweitergabe vom Nervensystem zu den Zellen und umgekehrt kann nur auf diesem Weg erfolgen, andernfalls wird der Stoffwechsel der Zellen erheblich beeinträchtigt. Ist das Bindegewebe überlastet und kann keine weiteren Säureschübe mehr aufnehmen, bleiben diese oft in den Gelenken hängen, wo sie schmerzhafte Entzündungen verursachen und als Gicht, Rheuma oder Polyarthritis diagnostiziert werden. Zerstören die säurehaltigen Ablagerungen das Knorpelgewebe, führt das zu Arthrose.

In einem übersäuerten Gewebe verschlechtern sich auch die Fließeigenschaften des Blutes; die roten Blutkörperchen verlieren zunehmend ihre Elastizität und können die Kapillaren, die feinen Blutgefäße, nicht mehr ausreichend passieren, was zu Mangelversorgung und Sauerstoffdefizit führt. Säuren zerstören aber auf Dauer auch die Kollagenfasern des Bindegewebes, was Erschlaffung und frühe Alterung zur Folge hat. Der Organismus versucht, die Schäden mit dem körpereigenen Eiweiß Fibrin zu reparieren, aber dadurch wird das Bindegewebe zunehmend unelastischer, und seine Speicherkapazität wird immer geringer. Es kann seine Pufferfunktion nicht mehr ausreichend erfüllen, und der Körper altert vorzeitig, wobei Falten und Zellulitis nur der Anfang sind. Die Kollagenfasern des Bindegewebes quellen auf, sodass jede Bewegung schmerzhaft wird. Länger anhaltende Übersäuerung führt zu chronischen Entzündungen und damit ständigen Schmerzen. Wird das Bindegewebe zunehmend unpassierbar, ersticken die Zellen wegen unzureichender Versorgung. Weil das Bindegewebe den ganzen Körper umfasst, ist davon auch immer der gesamte Körper betroffen, und daher ist es lebenswichtig, im wahrsten Sinne des Wortes, den Körper gründlich zu entsäuern.

Der Magen: ein Säure- und *Basenproduzent*

Der Magen erzeugt Salzsäure, die so genannte Magensäure mit einem pH-Wert zwischen 2,8 und 1,2, durch die Aufspaltung von Kochsalz, einem natürlichen Bestandteil unseres Blutes und unseres Gewebes. Kochsalz ist eine einfache Verbindung von Natrium und Chlor. Die Kochsalzspaltung geschieht durch die so genannten Belegzellen des Magens. Er braucht dazu Kochsalz, Kohlendioxid und Wasser. Dabei verbindet sich das Chlor mit Wasserstoff zu Salzsäure. Gleichzeitig fällt eine andere Verbindung an, die aus Natrium, Wasserstoff, Kohlenstoff und Sauerstoff entsteht, das Natriumbikarbonat, besser bekannt als »doppeltkohlensaures Natron« – eine Base. Mit einem Gramm Salzsäure entstehen so 2,3 Gramm Natriumbikarbonat. Es verteilt sich mit dem Blut im ganzen Körper und neutralisiert später im Darm die Magensäure.

Fehlen dem Körper Basen, spaltet er mehr Kochsalz auf und produziert so die dringend benötigten Basen, aber dabei entsteht natürlich auch mehr Magensäure, die jetzt nicht gebraucht wird und Sodbrennen verursacht. Wird nun etwas gegessen, verschwindet das Sodbrennen meistens, weil die Magensäure sich mit der Nahrung verbindet, aber dadurch wird auch weitere Magensäure produziert, und so erzeugt zu viel Säure noch mehr Säure. Wird der Magen der Säure nicht mehr Herr, gibt er einen Teil in den Zwölffingerdarm ab, wodurch seine Säurekonzentration zwar verringert wird, was aber wieder zu erneuter Säureproduktion führt, und der Zwölffingerdarm reagiert darauf mit Geschwüren.

Ausreichend Basen sind daher wichtig, sogar lebenswichtig, denn sie haben eine doppelte Aufgabe. Erstens benötigen die Verdauungshilfsorgane Leber, Galle und Bauchspeicheldrüse sehr viele Basen zur Bildung des Verdauungssaftes: einen halben Liter Gallenflüssigkeit, bis zu einem Liter Bauchspeicheldrüsensekret und etwa drei Liter Darmdrüsensaft. Noch wichtiger aber ist die zweite Aufgabe der Basen, die Entsäuerung des Körpers, vor allem des Bindegewebes. Kann diese Aufgabe durch Basenmangel nur unzureichend erfüllt werden, *muss* der Körper früher oder später erkranken.

Da die Basen bei der Erfüllung ihrer Aufgaben verbraucht werden, müssen sie ständig dem Körper in ausreichender Menge zugeführt werden, zumeist über eine basische Nahrung oder Nahrungsergänzung. Werden in dieser Situation säurehemmende Medikamente genommen, wird dadurch die Säureproduktion des Magens gestoppt oder reduziert, aber damit natürlich auch die wichtige Basenproduktion, ein neuer Teufelskreis beginnt.

Sodbrennen ist also immer ein Notruf des Magens nach fehlenden Basen und nicht nach einer Hemmung der Säureproduktion. Durch die aufsteigende Säure beim Sodbrennen wird die empfindliche Speiseröhre verätzt und mit der Zeit geschwächt, sodass sich dort Krebs bilden kann. Letztlich können auch die Nieren mit dem Überangebot an Säure nicht mehr fertig werden, und so kommt es auch in diesem Bereich zu Erkrankungen. Die Folgen der Übersäuerung sind vielfältig und katastrophal, aber leicht zu vermeiden, wenn man den Zusammenhang einmal erkannt hat.

Das Blut: ein ganz besonderer Saft

Man sagt, das Blut sei der Sitz der Seele, und wenn jemand verblutet, dann ist er entseelt. Blut ist aber auch unser flüssiges Transportorgan für die Zufuhr der Nähr- und Baustoffe, die der Körper ständig benötigt, sowie für den Abtransport der Stoffwechselschlacken. Beim Blut erkennen wir besonders deutlich, wie wichtig der pH-Wert für den Körper ist, denn der Normalwert von 7,35 bis 7,4 wird mit nur ganz geringen Schwankungen eingehalten, weil ein Absinken auf einen pH-Wert von 7 oder ein Ansteigen auf einen pH-Wert von 7,6 im Blut bereits tödlich wäre.

Bindet sich zu viel Säure an die roten Blutkörperchen, können sie nicht mehr ausreichend Sauerstoff aufnehmen, und der Körper leidet an Sauerstoffmangel, auch wenn die Lungen genügend Sauerstoff anbieten. Außerdem wird bei einer höheren Säurekonzentration die Elastizität der roten Blutkörperchen verringert, oder es kommt zur so genannten Säurestarre, wodurch sie die feinen Kapillaren nicht mehr passieren können und sie verstopfen. Auch dadurch entsteht eine Mangelversorgung, die tödlich sein kann. Es ist also auch für das Blut unverzichtbar, dass genügend Basen angeboten werden, weil es sonst seine lebenswichtige Funktion nicht mehr erfüllen kann.

Woher kommt die viele Säure?

Wieso ist eine Übersäuerung des Organismus so viel wahrscheinlicher als ein Zuviel an Basen? Säuren produziert der Körper teilweise selbst, ich erinnere nur an die Magensäure, Basen aber können wir ausschließlich mit der Nahrung aufnehmen, und sie werden ständig verbraucht. Außerdem geben wir unserem Organismus zu wenig Gelegenheit, Säuren auf natürliche Weise loszuwerden, weil wir zu wenig trinken und uns nicht ausreichend bewegen. Dadurch werden zu wenig Säuren über die Lungen ausgeatmet, und außerdem führt der Sauerstoffmangel zur Produktion weiterer Säuren. Auch wegen eines chronischen Mangels an Vitaminen und Spurenelementen bildet der Körper Säuren, weil er bestimmte Stoffwechselprozesse nicht zu Ende führen kann. Wenn wir zur falschen Zeit das Falsche ungenügend gekaut und hastig essen, kann sich auch ein von Natur aus basisches Nahrungsmittel in einen Säurelieferanten umwandeln. (In der Ernährungswissenschaft nennt man das »Basenumkehr«.) Eine große Rolle spielt dabei die individuelle Situation des Verdauungssystems: Ist dieses überfordert, wird halb verdaute Rohkost zum Beispiel im Darm vergoren und zur Säure.

Das führt zu mancherlei Beschwerden. Man fühlt sich abgespannt, ist chronisch müde, erholt sich nur sehr langsam und unzureichend. Verspannungen, Kopf- und Rückenschmerzen können die Folge sein. Die Haut neigt zu Ekzemen, Nase und Augen reagieren gereizt, und unklare Schmerzzustände belasten uns immer stärker. Damit signalisiert der Körper, dass er der Säureflut nicht mehr Herr wird und dringend Hilfe braucht. Gelingt die Entschlackung und Entsäuerung nicht zwischen zwei Mahlzeiten oder während der Nacht, wird das Bindegewebe immer mehr mit Säuren angereichert, bis es von der latenten Azidose zur akuten Übersäuerung kommt. Erfolgt hier keine Änderung, kann das tödliche Folgen haben.

Das gesamte Milieu muss verändert, das heißt nachhaltig und regelmäßig entsäuert werden. Die Körperfunktionen verbessern sich, und die lokalen Beschwerden und Krankheitssymptome verschwinden in dem Maße, wie das Milieu wieder entlastet wird.

> Schon Hippokrates sagte 400 Jahre v. Chr.: »Von allen Zusammensetzungen unserer Körperkräfte wirkten sich die Säuren am schädlichsten aus.«

Das Milieu kennt zwei Abweichungen, einen Mangel oder ein Zuviel an bestimmten Stoffen, und beides kann gleichzeitig bestehen. Ist das Milieu unterversorgt, bekommen die Zellen zu wenig lebenswichtige Nährstoffe, also Vitamine, Mineralstoffe und Spurenelemente. Je größer der Mangel ist, desto weniger sind die Zellen in der Lage, ihre vielfältigen Funktionen zu erfüllen. Hält der Mangel an oder überschreitet er ein gewisses Maß, sterben die Zellen.

Das Gleiche passiert, wenn das Milieu mit schädlichen Stoffen überflutet wird. Die Sauerstoff- und Nährstoffzufuhr wird eingeschränkt, der Abtransport der angefallenen Abfallprodukte aus den Zellen gerät ins Stocken, und letztlich ersticken die Zellen am eigenen Abfall. Anfangs führt die Überlastung zu Funktionsstörungen, zu Entzündungen, aber letztlich – ohne Änderung der Situation – zur Zerstörung des Gewebes. Die einzige wirksame Hilfe in dieser Situation ist die gründliche und regelmäßige Entsäuerung des Körpers.

Nach einer meist jahrzehntelangen Übersäuerung des Körpers reicht es auch nicht mehr aus, die Ernährung auf basenbildende Lebensmittel wie Obst, Gemüse und Kartoffeln umzustellen. Man braucht über längere Zeit eine Nahrungsergänzung, um vor allem die Remineralisierung des Körpers zu ermöglichen.

Auch tiefes Atmen entsäuert den Körper, ebenso wie gründliches Kauen und gutes Einspeicheln der Nahrung deren Alkalisierung erhöhen. Die meisten Säuren entstehen durch Nahrungsmittel, besonders durch ein Zuviel an Eiweiß. Eiweißarme Nahrung im höheren Alter verlängert deutlich das Leben. Um Schlacken und Säuren aus Därmen, Zellen usw. auszuschwemmen, braucht es eine *tägliche* »Basenflut«, am besten gleich morgens (siehe Kapitel 3).

Die Azidose des Körpers ist auch die Grundlage für das Entstehen von Krebs, der immer ein übersäuertes Milieu braucht. Auch die Arthrose ist keineswegs eine Alterserscheinung, sie tritt nur im Alter häufiger auf, weil in den Knorpeln besonders viele Basen enthalten sind, und dort werden sie dann auch entnommen, wenn der Körper übersäuert ist. Was bleibt, ist ein kristalliner Schmirgel, der die Gelenke abnützt.

Eine gründliche Entsäuerung führt letztlich zu seelischer und körperlicher Gesundheit. Zur Reinigung über die Haut kann ein Dauerbad (»Auslaugebad«) genommen werden von mindestens zwei Stunden, wobei das Badewasser durch Natriumbikarbonat auf einen pH-Wert von etwa 8,5 gebracht werden sollte. Migräneanfälle und Heuschnupfensymptome lassen sich vorbeugend vermeiden, wenn man bereits bei den ersten Anzeichen oder schon vorher einen gehäuften Teelöffel Natron in einem Glas warmem bis heißem Wasser trinkt (nicht in Mineralwasser).

Bei jeder Entsäuerung ist darauf zu achten, dass man reichlich trinkt, damit die gelösten Säuren auch ausgeschwemmt werden können. Bleibt der Urin im sauren Bereich, obwohl Sie ein Entsäuerungsmittel eingenommen haben, dann war die Menge nicht ausreichend.

Die Wiederherstellung des Säure-Basen-Gleichgewichts kann der entscheidende Schritt zu Gesundheit und Vitalität sein und letztlich damit auch zur Lebensfreude. Denn das Säure-Basen-Gleichgewicht ist die Grundlage für alle

Funktionen im gesamten Organismus. Mit zunehmender Verschlackung wird die Versorgung der einzelnen Zellen immer schwieriger, und der Organismus versucht das auszugleichen, indem er den Blutdruck erhöht, um die geringere Durchlässigkeit auszugleichen. Wird in dieser Situation nur ein blutdrucksenkendes Mittel genommen, sinkt zwar der Blutdruck wieder, aber das verschlimmert die Situation nur noch mehr.

Übersäuerung ist auch eine der großen Karrierebremsen, denn dadurch kommt es zu einer verringerten Ausdauer, abnehmender Stresskompensationsfähigkeit und ständiger Aggression. Ein übersäuerter Mensch kommt nicht mehr zur Ruhe, er fühlt sich ständig überdreht und dadurch überfordert. Das alles verschwindet wieder, sobald dem Körper wirkungsvoll durch ein entsprechende regelmäßige »Basenflut« geholfen wird.

Unser Immunsystem

Der größte Teil unseres Immunsystems befindet sich im Darm, und daher ist eine Darmsanierung so wichtig und auch so wirkungsvoll. Denn Übersäuerung und Verschlackung lähmen unser Immunsystem, und wir werden anfälliger für Infektionen, mit denen ein intaktes Immunsystem leicht fertig wird. Es sind also nicht Viren und Bakterien, die uns krank machen, sondern das Unvermögen unseres belasteten Immunsystems, damit fertig zu werden. Das gilt letztlich auch für die Krebszellen, die täglich in unserem Körper entstehen und die nur in einem sauren Milieu gedeihen können.

Aber auch wer ständig schlecht gelaunt ist, negativ denkt und eine pessimistische Grundhaltung hat, schwächt sein Immunsystem nachhaltig. Er schafft damit ein permanent saures Milieu und schadet so unbewusst freiwillig jeder einzelnen Zelle. Jeder negative Gedanke verändert die Funktionsbereitschaft unseres Immunsystems. Aber auch wenn man sich zwingt, etwas zu tun, das man im Innersten ablehnt, wenn man sich hetzt oder sich Sorgen macht, belastet man sein Immunsystem. Jeder noch so kleine Ärger hat so seine zusätzliche negative Auswirkung auf das Immunsystem und damit auf die gesamte gesundheitliche Situation.

Zusammenfassung: Die Übersäuerung und ihre Folgen

Die Unwissenheit über die Bedürfnisse des eigenen Körpers und die einfachen Schritte, ihm wirkungsvoll zu helfen, führt zu:

- Fehlernährung
- ungenügendem Kauen
- zu viel vom Falschen und zu wenig vom Richtigen
- Ärger, Angst, Stress und anderen psychischen Belastungen
- Störungen der Darmflora
- Gährung im Dünndarm, Fäulnis im Dickdarm, Blähungen

Die Folge ist eine ständige Übersäuerung des Körpers, wodurch er zur Bildung saurer Salze gezwungen ist, die wiederum in »Sondermülldeponien« im Körper gelagert werden müssen. Das führt zu:

- Drüsen- und Organverätzungen mit den entsprechenden Funktionsstörungen
- Stuhlverstopfung oder Durchfall
- innerem und äußerem Pilzbefall
- Depressionen und psychischen Fehlfunktionen von Gereiztheit, Aggressionen und mangelnder Belastbarkeit bis hin zur Hoffnungslosigkeit
- Lern- und Gedächtnisstörungen und Zerstreutheit
- fehlender Lebensfreude, Aktivität und Leistungsfähigkeit
- unnötigen und leicht vermeidbaren Erkrankungen, Pflegebedürftigkeit und frühem Tod

2

Der Säuretest

Die medizinisch übliche Methode, den Säuregehalt des Körpers über die Bestimmung des pH-Wertes des Blutes festzustellen, bringt keine brauchbaren Ergebnisse, weil der Körper das Blut so sorgfältig abpuffert, dass Abweichungen sehr selten sind, das Gewebe aber gleichzeitig stark übersäuert sein kann, obwohl der pH-Wert des Blutes vollkommen neutral ist. Nur mit dem Titrationsverfahren (einer chemischen Maßanalyse) kann die intra- und extrazelluläre Situation exakt bestimmt werden, aber es ist umständlich und teuer. Die pH-Wert-Bestimmung des Harns hingegen spiegelt diagnostisch die Gewebesituation fast exakt wider und ist einfach und preiswert durchzuführen.

Der biologische Idealwert des Gewebes liegt bei pH 7,4 bis 7,5, der übliche Wert leider oft bei 5,5. Das heißt: Die Azidose (Übersäuerung) ist bei den meisten Menschen zur Regel geworden.

Durch die Entsäuerung in der Nacht ist der Morgenurin am sauersten. Daher dient er als Maßstab. Bei einem Wert von weniger als pH 7 *muss* der Körper durch zusätzliche Basen entlastet werden. Wie wichtig dem Körper der biologische Wert von pH 7,4 ist, zeigt die Tatsache, dass eine Übersäuerung des Blutes zum sofortigen Tod führen würde. Mit Muttermilch ernährte, gesunde Säuglinge haben einen Urin-pH-Wert von 8 bis 8,5.

Zur regelmäßigen Kontrolle des Säurezustandes Ihres Körpers empfehle ich das »MD-Indikatorpapier« von Madaus. Die hundert enthaltenen Teststreifen kann man leicht noch einmal teilen, sodass Sie mit einem Heftchen zweihundert Tests durchführen können. Sorgen Sie dafür, dass diese Teststreifen im Bad und auf jeder Toilette bereit liegen, und nehmen Sie ein Heftchen mit auf Reisen, sodass Sie Ihren Säurestand wirklich immer kontrollieren können. Und sobald der Wert unter 7 sinkt, nehmen Sie wieder einen gehäuften Teelöffel Basenmischung (siehe Kapitel 3). Ihr Körper dankt es Ihnen. Je basischer Sie sich ernähren, desto seltener werden Sie Ihrem Körper zusätzlich helfen müssen.

Auch ein Speicheltest gibt brauchbare Werte. Der pH-Wert des Speichels liegt etwa bei 7,1, und eine deutliche Abweichung nach dem Essen lässt ebenfalls auf eine Übersäuerung schließen.

Nun wird in manchen Lehrbüchern ein Harn-pH-Wert von 5,5 als »normal« angegeben, dabei ist ein solcher Wert natürlich katastrophal. Trotzdem ist diese Angabe durchaus richtig, denn die Katastrophe ist inzwischen leider völlig normal, aber natürlich noch immer sehr schädlich.

Es empfiehlt sich, den pH-Wert im Harn mehrmals täglich beim Wasserlassen zu messen, denn im Laufe eines Tages ergeben sich deutliche Schwankungen. So ist der Morgenurin meist sauer, weil der Körper über Nacht versucht, die überschüssigen Säuren auszuscheiden. Gegen 17 Uhr dagegen ist die Basenflut am höchsten. Ist das nicht der Fall, dann ist es höchste Zeit, dem Körper zu helfen.

Legen Sie daher die Menge des Entsäuerungsmittels (vgl. Kapitel 3) nach dem Wert des Morgenurins fest, nehmen Sie dabei einen leicht gehäuften Teelöffel davon in einem großen Glas Wasser und machen Sie das täglich ein- bis zweimal, so lange, bis der Morgenurin über pH 7 bleibt.

Gründliches Kauen und gutes Einspeicheln der Nahrung tragen sehr zu ihrer Alkalisierung bei. Die meisten Säuren entstehen durch unsere Nahrungsmittel. Besonders Eiweiß wird sauer verstoffwechselt, und die meisten Menschen leiden an einer Überversorgung mit Eiweiß, mit der entsprechenden zusätzlichen Belastung des Körpers. Eine eiweißarme Ernährung hingegen, besonders im fortgeschrittenen Alter, verlängert das Leben. Eiweiß ist ein wichtiger Baustein des Körpers, der in der Kindheit und Jugend reichlich, später aber in immer geringeren Mengen benötigt wird. Viel wichtiger ist es, auf die Qualität des Eiweißes zu achten, das möglichst viele essenzielle Aminosäuren aufweisen sollte.

Die sechs Grade der Übersäuerung nach Dr. Michael Worlitschek

1. Idealzustand
Hier herrscht das optimale Gleichgewicht von Säuren und Basen, es gibt keinen Mangel an Pufferstoffen, um gelegentliche, durch Mahlzeiten bedingte Säure- und Basenfluten auszugleichen.

2. Versteckte Übersäuerung
Latente Azidose. Das Blut hat wegen der hohen Regulierungsfähigkeit noch einen guten Säurewert, aber die »Müllkippen« sind bereits mit Säureresten angefüllt. Experten entdecken in diesem Stadium meist verräterische Anzeichen am Patienten, auch wenn dieser sich nicht ausdrücklich krank fühlt. Solche Patienten klagen gern über unerklärliche Müdigkeit, Verstopfung, Magendrücken.

3. Vorübergehende Übersäuerung
Akute Azidose. Darunter wird eine Verschiebung des Säure-Basen-Gleichgewichtes verstanden, die z. B. durch eine Infektionskrankheit bewirkt werden kann. Denn die Infektion zwingt den Körper zu Gegenmaßnahmen wie Fieber, Durchfall, Entzündungen, vermehrter Harnausscheidung – allesamt Vorgänge, die saure Stoffwechsellagen zur Folge haben oder verstärken. Nach Überwindung der Krankheitserreger normalisiert sich der Stoffwechsel wieder – wenn genügend Basenreserven vorhanden sind. Bei Basenmangel besteht dagegen die Neigung zu neuerlicher Infektion, die wiederum jene aufgezählten »sauren« Gegenmaßnahmen nötig macht.

4. Chronische Übersäuerung
Chronische Azidose. Diese Form äußert sich bereits in oft drastischen Krankheitsbildern, deren Entstehung teilweise »unbekannten Ursachen« wie bei Rheuma zugeschrieben wird.

5. Örtliche Übersäuerung
Lokale Azidose. Dazu zählen Erscheinungen wie Herzinfarkt, Schlaganfall. Ursache können Durchblutungsstörungen durch Säurestarre der roten Blutkörperchen, Arteriosklerose, Erhöhung der Klebstoffkomponente Fibrinogen, die die Bildung von Blutgerinnseln bewirkt, oder Sauerstoffmangel wegen abnehmender Fließfähigkeit des Blutes sein. Im schlimmsten Fall werden Teile des Herzmuskels oder des Gehirns durch einen Gefäßverschluss von der Sauerstoffversorgung völlig abgeschnitten; das Gewebe erstickt und stirbt ab.

6. Säuretod
Die endgültige Säurekatastrophe kann viele Gesichter haben – von Nierenversagen über tödlichen Infarkt und Krebs bis hin zum Zuckerkoma.

Unser Körper braucht Basen

Unser Körper bildet sich zwar aus dem durch die Ernährung gegebenen Material seine Basen, aber er kann sie nicht aus sich selbst heraus schaffen. Säuren dagegen werden vom Körper durch den Stoffwechselprozess selbst produziert. Zusätzlich entstehen Säuren, wenn man zu viel oder zu schnell isst, weil es dadurch im Magen-Darm-Trakt zu Gärungsprozessen kommt. Außerdem sollten wir auch nicht die Säuremenge unterschätzen, die wir mit kohlensäurehaltigen Getränken zu uns nehmen und die zu einer zusätzlichen Belastung führt. Auch Stresssituationen aktivieren den Stoffwechsel, wodurch vermehrt Säuren produziert werden. Es ist also ganz richtig, wenn der Volksmund sagt: »Ich bin sauer.«

Die Wirkung der Säuren hängt einmal von deren Menge ab und außerdem von ihrer Konzentration. Wie bereits erwähnt, kann der pH-Wert des Blutes den Wert von 7 in Richtung Azidität und von 7,6 in Richtung Basizität nicht überschreiten. Werte jenseits dieser Grenzen führen zum Tod. Das heißt, der Körper *muss* überschießende Säuren oder Basen neutralisieren. Wenn das mit dem Material der zugeführten Nahrung nicht möglich ist, ist er gezwungen, um sein Überleben zu sichern, seine Gefäße, Knochen und letztlich auch Organe zu entmineralisieren – mit verheerenden Folgen. Trotzdem ist dieses Verhalten wichtig und richtig, in der Hoffnung, dass zu einem späteren Zeitpunkt mit der richtigen Nahrung die Remineralisierung des Körpers erreicht wird. Es kommt also nicht nur auf die Entsäuerung des Körpers an, sondern fast noch wichtiger ist die folgende Remineralisierung. Bei der Entsäuerung geht es um das Überleben des Körpers, bei der Remineralisierung ums gesunde Weiterleben.

Bei Übersäuerung des Körpers werden die Muskeln druckempfindlich. Normalerweise kann man seine Muskeln bis auf den Knochen drücken, ohne dass dies schmerzt. Auch so kann man in etwa den Säuregrad des Körpers abschätzen, zuverlässiger aber ist die regelmäßige Messung im Urin. Schon ein ausgedehnter Spaziergang an der frischen Luft kann den pH-Wert wieder normalisieren, ohne dass wir Basen zu uns nehmen. Der so »getankte« Sauerstoff reicht aus, um die im Kreislauf befindlichen Säuren zu neutralisieren.

Die Konzentration von Säuren im Muskelgewebe führt zu Müdigkeit, weshalb übersäuerte Menschen auch ohne körperliche Anstrengung immer müde sind, schlecht schlafen und sich kaum erholen. All das verschwindet, sobald der Körper wieder ausreichend Basen zur Verfügung hat.

Sollten Sie trotz säurehaltiger Nahrung einen Morgenurin-pH-Wert von 7 oder höher haben, ist damit zu rechnen, dass bei Ihnen eine Blockade der Säureausscheidung besteht. Hier ist daher Hilfe besonders dringend. Geben Sie Ihrem Körper einige Tage *jeden Morgen* einen gehäuften Teelöffel einer Basenmischung. Nach einer Woche ist die Blockade gelöst, und Ihre Säurewert steigt scheinbar an, weil die blockierte Ausscheidung wieder in Gang gekommen ist und Ihr Körper endlich entlastet wird.

Auch trotz ausreichender Basenaufnahme kann der pH-Wert plötzlich bis 5 sinken. Das kommt daher, dass immer wieder, bei genügendem Basenangebot, der Körper eine weitere »Sondermülldeponie« auflöst, was zu einer plötzlichen Säureflut führt. Lassen Sie sich also dadurch nicht irritieren und machen Sie unbedingt weiter, sonst muss der Körper alles wieder auf die Deponie zurückräumen.

Um mit einer Säurebelastung fertig zu werden, nutzt der Körper das Bindegewebe als Säuredepot. Gleichzeitig versucht er über verschiedene Säureventile die Säuren wieder abzubauen. Ein Säureventil ist die Lunge. Hier wird vermehrt Kohlensäure abgeatmet, und zwar über das Kohlendioxid. Je tiefer wir atmen, desto höher ist die Säuremenge, die wir über das Säureventil Lunge loswerden.

Eine weiteres Säureventil sind die Nieren. Das betrifft jedoch nur die wasserlöslichen Säuren, und dazu brauchen sie genügend Flüssigkeit, weshalb es bei dem Reinigungsprozess so wichtig ist, mindestens 2 bis 3 Liter täglich zu trinken.

Warum das so wichtig ist, zeigt das folgende Beispiel:

Ein kleines Steak enthält etwa 5 Gramm Harnsäure. Zur Verdünnung und Entsorgung von *einem* Gramm Harnsäure braucht der Körper 6 bis 8 Liter Wasser. Lange bevor der Körper die mit dem Steak gegessene Harnsäure losgeworden ist, haben Sie wahrscheinlich ein neues Steak gegessen, und der Körper hat keine Chance, in ein Säure-Basen-Gleichgewicht zu kommen.

Auch die Haut und die Schleimhäute sind Säureventile. Wird die Säureausscheidung allerdings zu hoch, wird die Haut gereizt, und es können sich Ekzeme bilden. Regelmäßige Hautbürstungen können die Säureausscheidung deutlich steigern.

Ein weiteres Säureventil ist der Darm. Gelangt zu viel Säure in den Darm, verweigert er die Aufnahme und schickt z. B. unreifes, saures Obst per Durchfall zum Ausgang.

Ein anderer säureausleitender Mechanismus ist das Erbrechen.

Erstellen Sie Ihr Säureprofil

Da sich die Säurebelastung mit der Tageszeit ändert, entsteht ein typisches Säureprofil nur durch regelmäßige Messungen, am besten jedes Mal beim Wasserlassen. Dabei werden Sie besonders morgens und abends Säurespitzen feststellen, weshalb Sie den Morgenurin als Maßstab nehmen sollten und so lange entsäuern, bis er nicht mehr unter den pH-Wert 7 fällt.

Wenn sie sich ausschließlich von reifem Obst und frischem Gemüse ernähren und keinen Alkohol oder Kaffee trinken, brauchen Sie sich wahrscheinlich wegen einer möglichen Übersäuerung keine Sorgen zu machen. Sollten Sie sich aber »normal« ernähren, also Fleisch essen, Zucker und Mehlspeisen zu sich nehmen, Kaffee und Alkohol trinken, dann sind Sie wahrscheinlich längst übersäuert, und Ihr Körper braucht Ihre Hilfe. Wenn Sie nach dem Essen müde sind, weist das ebenfalls auf säurehaltiges Essen hin. Auch die übliche Süßnachspeise erhöht den Säurespiegel des Körpers zusätzlich. Tragen Sie in die Tabelle auf Seite 38 Ihre Säurewerte ein.

Vor allem aber, wenn Eiweiß, also Fleisch, Fisch, Geflügel, Eier und Milchprodukte, gemeinsam mit Kohlehydraten wie Kartoffeln, Reis, Nudeln oder Brot gegessen werden, kommt es zu einer starken Übersäuerung des Körpers. Nun werden Sie vielleicht sagen: »Aber das ist doch völlig normal«, und Sie haben absolut Recht, nur dadurch wird es nicht richtig. Denn Eiweiß braucht Säure zur Verdauung und kann bei einem Zuwenig an Säuren nicht verdaut werden. Kohlehydrate hingegen brauchen Basen zur Verdauung. Basen und Säuren aber heben sich gegenseitig auf, die Verdauung wird beeinträchtigt und der Körper stark belastet. Kein Wunder, dass Sie dadurch müde werden.

Bei Basenmangel »welkt« der Organismus dahin, weil er keine lebensgerechten Bedingungen vorfindet. Dabei wirkt sich die Übersäuerung nicht nur katastrophal auf den gesundheitlichen Zustand des Körpers aus, sondern auch auf das Gemüt. Mangelnde Lebensfreude bis hin zur Depression können die Folge sein und sind in kurzer Zeit zu beheben, sobald der natürliche, leicht basische Zustand wiederhergestellt ist.

Ihr individuelles Säureprofil

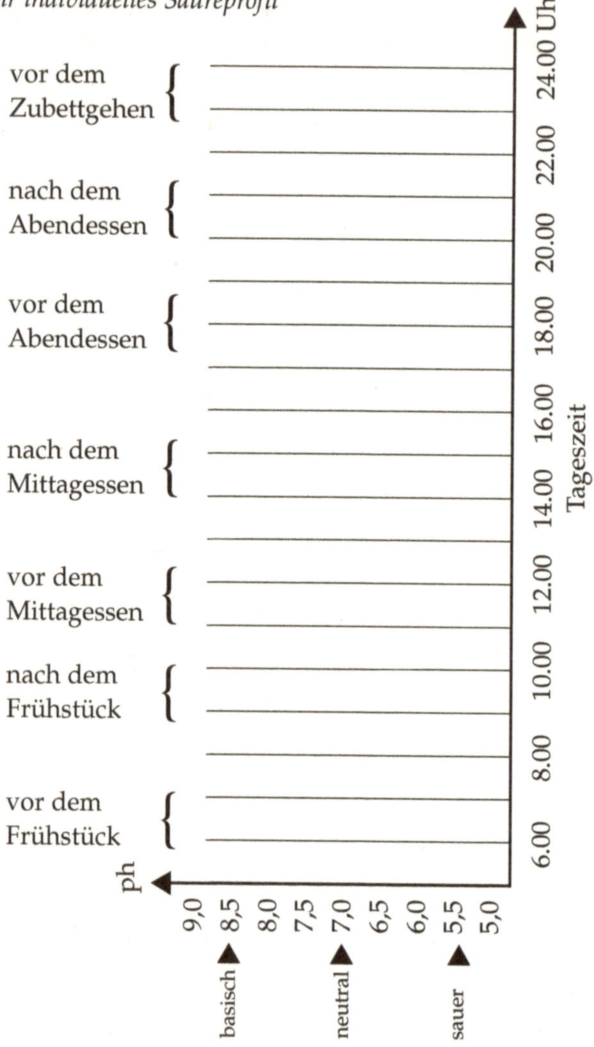

3

So entsäuern Sie richtig

Organische Mineralstoffe sind die Grundlage unserer Gesundheit und Schönheit. Daher sind gefüllte Mineralstoffdepots im Körper für ein gesundes Leben unerlässlich. Die tägliche Säureflut, bedingt durch unsere Nahrung, kohlensaure Getränke, aber auch durch den täglichen Ärger, Stress, Sorgen und Ängste, führt dazu, dass diese so wichtigen Mineralstofflager zur Neutralisierung der Säuren aufgebraucht werden. Diese Mineralstofflager befinden sich in der Haut, in den Haaren und dem Haarboden, den Zähnen und Finger- und Fußnägeln, den Knochen und den Gelenken sowie in den Adern. Ein täglicher Basenüberschuss sorgt dafür, dass diese Depots gefüllt bleiben oder sich gleich wieder füllen können.

Ein altbewährter Entsäuerungstrunk ist das Kartoffelwasser. Die Säureausscheidung wird unterstützt durch Alfalfatee, La-Pacho-Tee, Ackerschachtelhalmtee oder eine geeignete Spezialmischung. Nicht zu vergessen: Ein ausgedehnter Spaziergang bessert schon deutlich die Säuresituation des Körpers, indem vermehrt Säuren ausgeatmet werden, besonders beim »Power-Walking«, einem strammen Gehen in der Natur. Die ausreichende Sauerstoffversorgung ist überhaupt ein wichtiger Punkt, weil bei Sauerstoffmangel anaerobe Inseln im Körper entstehen, die Krankheiten begünstigen.

Nach jahrzehntelanger Übersäuerung benötigt der Körper für einige Zeit zusätzliche Basen. Die Originalrezeptur des Säureforschers Sander (ergänzt durch Magnesium carbonicum) hierfür lautet:

Basenmischung (Rezept)

Natrium phosphoricum	10,0
Kalium bicarbonicum	10,0
Calcium carbonicum	100,0
Natrium bicarbonicum	80,0
Magnesium carbonicum	50,0

Lassen Sie sich das in Ihrer Apotheke mischen, am besten gleich 500 Gramm. Es gibt allerdings auch fertige Basenmischungen (siehe Bezugsquellen im Anhang). Dabei ist das Mischungsverhältnis der Wirkstoffe besonders wichtig, da nur so gesichert ist, dass die Mineralstoffe auch wirklich optimal aufgenommen werden. Kalzium braucht z. B. hierfür Phosphor und mindestens die Hälfte der Menge an Magnesium. In einer physiologisch optimalen Mischung sind die einzelnen Stoffe in unterschiedlichen Mengen enthalten.

Aus der ayurvedischen Medizin ist zu berücksichtigen, dass man Entsäuerungsmittel nicht in der Zeit von 10 bis 14 Uhr und nach 22 Uhr einnehmen sollte.

Neben den Mineralstoffmischungen gibt es auch pflanzliche Präparate. Basisch wirken auf den Körper:

Spirulina-Algen-Tabletten
Blütenpollen
Alfalfasprossen
grüner Gerstensaftextrakt
Weizenkeime

Noch besser wirkt »Royal Plus« (siehe Bezugsquellen), ein Entsäuerungstee mit Inhaltsstoffen, auf die schon die chinesischen Kaiser vertrauten. Dieser Tee enthält alles, was Sie brauchen, um Ihrem Körper wirksam zu helfen und ihn zuverlässig zu entsäuern. Trinken Sie regelmäßig dreimal täglich eine Tasse davon, die erste Tasse möglichst schon morgens nüchtern, und Sie erleben ein Wohlbefinden, auf das Sie nie mehr verzichten wollen. Dass dieser Tee auch noch Ihr Leben verlängert und Sie viele Krankheiten gar nicht erst bekommen, ist ein zusätzliches Geschenk.

In einem akuten Notfall können unbedenklich 8 bis 10 Gramm der Basenmischung, möglichst in körperwarmem Wasser, genommen werden, weil es so am schnellsten wirkt.

> Basenmittel aber nicht in kohlensäurehaltigem Mineralwasser nehmen, weil sonst ein Teil der Basen durch die Kohlensäure neutralisiert wird.

Bei der Entsäuerung berichten Betroffene oft von unerwarteten, höchst angenehmen Besserungen. Kopfdruck und Schwindel, der oft schon jahrelang plagte, verschwindet in wenigen Tagen für immer. Das Denken wird klarer, und das Gedächtnis kann sich oft erheblich bessern, ebenfalls in wenigen Tagen. An die Stelle von Depressionen tritt eine entspannte Fröhlichkeit. Bewegungen werden wieder leichter, freier, sicherer, das Aussehen verbessert sich oft unglaublich, und man fühlt sich um Jahre jünger.

Unausgeglichene und zänkische Menschen erleben bei der Entsäuerung oft innerhalb von 2 bis 3 Tagen einen unglaublichen Stimmungsumschwung und eine bleibende Harmonisierung. Auch Sonnenbäder werden nach der Entsäuerung deutlich besser vertragen, weil die Überempfindlichkeit gegen UV-Licht verschwindet. Eine gründliche Entsäuerung führt letztlich zu seelischer und körperlicher Gesundheit, und wir erleben, dass dies eigentlich unser natürlicher Zustand ist. Auch wenn Sie in einer ärztlichen Behandlung sind, ist die gründliche Entsäuerung des Körpers die wichtigste Grundlage Ihrer Heilung. Denn nur in einem guten Milieu können gesunde Zellen gedeihen.

Wenn Sie eine Säure-Basen-Balance erreicht haben, fühlen Sie sich wie neu geboren. Es ist eine Gesundheitsvorsorge, die jeder fast zum Nulltarif selbst schaffen kann. Die Wirkung wird noch gesteigert und erweitert, wenn Sie die im Wasser gelöste Basenmischung vor dem Trinken eine Minute gründlich schütteln, am besten in einem Mixbecher.

Eine andere Möglichkeit, die Wirkung weiter zu steigern, besteht darin, die Basenmischung in heißem Wasser aufzulösen, das vorher zehn Minuten gekocht wurde. Es ist eine ayurvedische Erkenntnis, dass dieses Wasser damit die Fähigkeit hat, auch in feinste Bereiche des Körpers einzudringen und diese zu reinigen. Bis Mittag arbeiten Ihre Ausscheidungsorgane auf Hochtouren, und so sollten Sie im Laufe des Vormittags einen Liter basische Flüssigkeit zu sich nehmen, um die Säureausschwemmung wirkungsvoll zu unterstützen.

Der Mensch, ein basisches Wesen

Der Mensch ist mit einem Blut-pH-Wert von 7,35 bis 7,4 ganz eindeutig ein basisches Wesen, und wahrscheinlich war dieser Wert früher noch weiter im basischen Bereich. Wenn wir in die Natur schauen, erkennen wir derzeit als größtes Problem die Übersäuerung der Erde durch den sauren Regen. In den Seen sterben die Fische bei einem pH-Wert von 5, denn Säure bedeutet Tod. Was aber ist der pH-Wert?

Der Maßstab für den pH-Wert reicht von 1 bis 14, wobei 7 der neutrale Wert ist. Das heißt, bei pH 7 sind in einer wässrigen Lösung gleich viele positiv geladene Wasserstoffionen enthalten wie negativ geladene OH-Ionen. Die Stärke einer Säure ist abhängig von der Konzentration der Wasserstoffionen (H-plus-Ionen). Die Stärke einer Base wird bestimmt von der Hydroxyl-Ionenkonzentration (OH-minus-Ionen). Wasser ist neutral, es enthält gleich viel Wasserstoff- wie Hydroxylionen. Die Schritte der Skala sind logarithmisch, das heißt, ein pH-Wert von 5 hat eine zehnmal stärkere Säurekonzentration als ein pH-Wert von 6.

Die Säure-Basen-Harmonie im Körper wird stark beeinflusst von der Menge der anfallenden Säuren, insbesondere der beim Eiweißabbau anfallenden stickstoffhaltigen Säuren, wie Harnstoff und Harnsäure. Aber auch andere, körperfremde, mit der Nahrung aufgenommene Säuren und Giftstoffe sowie Gärungs- und Fäulnisgifte aus dem Darm belasten das Gleichgewicht. Der zur Neutralisierung dieser Säuren und Gifte erforderliche Mineralstoffverbrauch führt zum mineralstofflichen Abbau der wichtigen körpereigenen Mineralstoffdepots, und die damit neutralisierten Säuren begünstigen die Verschlackung. Das Ergebnis ist ein vorzeitiges Altern des Körpers.

So kommt es zu typischen Symptomkombinationen, wobei das eine Symptom durch die Übersäuerung entsteht, das andere durch die damit verbundenen Ablagerungen. Eine solche Symptomkombination kann sein: Haarausfall und Herzinfarkt; Schlaganfall, Osteoporose und Rheuma; Leistenbruch und grüner Star; Krampfadern und Zellulitis. Immer steht auf der einen Seite der Abbau der Mineralstoffvorräte und auf der anderen Seite die Ablagerung der so entstandenen Schlacken mit den jeweiligen Folgen. Diese Symptome werden meist getrennt diagnostiziert und therapiert, dabei haben sie dieselbe Ursache und können nur gemeinsam geheilt werden. Eine Folgeerscheinung der Azidose ist die sich immer weiter ausbreitende Pilzerkrankung durch *Candida albicans*, wodurch weitere Stoffwechselgifte entstehen, die vor allem die Leber und die Gehirnzellen belasten und schädigen.

In den so genannten zivilisierten Ländern enthalten die Nahrungsmittel nicht mehr den erforderlichen Überschuss an Mineralstoffen, um diese Säuren sofort auf natürliche Weise zu neutralisieren. Nahrungsergänzungen sind daher unverzichtbar, vor allem, um die beim Verzehr von tierischem Eiweiß anfallende Harnsäure zu neutralisieren. Aber auch Stress, Lärm, Ärger, Angst und Schuldgefühle führen zu Salzsäurereaktionen, was Gastritis oder gar Magengeschwüre verursachen kann. Zu allem kommt noch die viele Essigsäure durch den übermäßigen Süßwarenverzehr und die Milchsäurebelastung durch körperliche Anstrengungen besonders im anaeroben Bereich, das heißt, wenn Sie dabei außer Atem kommen und bleiben. Der »Genuss« von Schweinefleisch und vielen Käsesorten bringt Schwefelsäure mit sich, was zur Erweichung der Bandscheiben führt und damit zu den weit verbreiteten Rückenproblemen, vielleicht sogar zu einem Bandscheibenvorfall.

Säuren sind allerdings keineswegs immer nur schädlich, denn unser Körper braucht Säuren zur Verbrennung und Energiegewinnung. Deshalb sprechen wir bei einem gesunden Menschen auch von einem Säure-Basen-Gleichgewicht. Schädlich werden die Säuren nur durch ein Übermaß und die damit verbundene Disharmonie im Säure-Basen-Haushalt.

Da wir den weitaus größten Teil der Säuren über unsere Nahrung zu uns nehmen, ist hierauf besonders zu achten. Zucker macht zwar das Leben süß, aber den Körper ziemlich sauer. Auch der immer wieder gelobte Obstessig ist nicht zu empfehlen. Zwar führt er dem Körper die fehlenden Kaliumionen zu, wodurch das Verhältnis Kalium–Natrium bei Personen, die an Kaliummangel leiden, richtiggestellt wird, aber wie jede andere saure Nahrung entzieht er dem Körper das Kalzium und beschleunigt die Osteoporose.

Besser ist es, einen behutsamer wirkenden, Schlacken lösenden Tee zu verwenden, der auf gesunde Weise das Gleiche bewirkt, wie unsere Großeltern noch wussten. Und natürlich sollte jeder den Weg zu einer mineralstoffüberschüssigen Ernährung finden, sodass der Körper nicht mehr gezwungen ist, sich selbst auszuplündern. Eine solche Ernährung führt zu einer beneidenswerten, lebenslangen Gesundheit, zu einem schlackenfreien, schönen Körper sowie einem ständigen Wohlgefühl und erfüllender Lebensfreude.

Die wirksame Entschlackung

Was man unter Stoffwechselschlacken versteht, hat Prof. Pirlet, ehemals Ordinarius für Physiotherapie an der Universität in Frankfurt, wie folgt definiert: »Schlacke ist das

Abfallprodukt bei der Verbrennung von Kohle. Hochofenschlacke ist der Abfall beim Erzschmelzen. In übertragenem Sinne sind Körperschlacken die ausscheidungspflichtigen Zwischen- und Endprodukte des Stoffwechsels. Bei der bakteriellen Zersetzung unverdauter Nahrungsstoffe entstehen teilweise hochgiftige Stoffe, deren Giftwirkung auf Zellen, die Leber, das Blut, die Nerven, das Immunsystem, das Fortpflanzungssystem übergehen kann. Überreichlich zugeführte Nahrung muss ebenfalls irgendwo eingelagert werden, das Bindegewebe verschlackt... Die Einschlackung als Wegbereiter der Arthrose beginnt schon in frühen Jahren.«

Die drei Schritte der Entschlackung

Es ist sicher deutlich geworden, dass eine gründliche Entschlackung und Remineralisierung die Grundlage der Gesundheit und zwingende Voraussetzung für den Erfolg einer jeden Therapie ist. Unsere »Zivilisationskost« sorgt dafür, dass wir alle mehr oder weniger verschlackt sind. Die Übersäuerung beruht auf dem häufigen Fleischverzehr, dem Trinken von Kaffee (einem starken Säurebildner), Colagetränken und Limonaden, auf zu viel Weißmehl und Zucker. Vor hundert Jahren wurde Zucker noch in der Apotheke verkauft, und als Körpergift gehört er dort auch hin. Die Übersäuerung wird weiter verstärkt durch Gärung und Fäulnis im Körper, durch falsche Nahrungszusammensetzung und eine gestörte Darmflora, aber auch in hohem Maße durch Ärger, Angst, Lärm, Stress, Enttäuschung und Überforderung.

Die wirksame Entschlackung erfolgt in drei zuverlässigen Schritten:

- Die *Auflösung* der Körperschlacken durch einen Entschlackungstee. Dadurch werden die an Mineralstoffe gebundenen Säuren wieder gelöst und ausscheidungsfähig.
- Die zuverlässige *Neutralisierung* der aktivierten Säuren durch eine Basenflut mittels eines hohen Angebotes an Mineralstoffen und Spurenelemente. Das ist mit basischer Ernährung allein nicht zu schaffen, dazu braucht man eine sinnvolle Nahrungsergänzung.
- Die konsequente *Ausscheidung* der so neutralisierten Säuren. Dafür ist es notwendig, dass man viel trinkt, besonders Tee und Gemüsesäfte, aber auch gutes, neutrales Wasser. Hinzukommt die Ausleitung durch basische Vollbäder von 2 bis 3 Stunden Dauer, zwei- bis dreimal in der Woche, und durch ausleitende Säfte wie Artischocke, Löwenzahn und Mariendistel. Nützlich sind auch basische Abreibungen, Hand- und Armbänder, Fußbäder und Wickel, basische Einläufe und eine Colon-Hydrotherapie, also alles, was die Ausscheidungsorgane Leber, Darm und Nieren stärkt, denn die haben jetzt besonders viel zu leisten.

Keiner dieser drei Schritte ist für sich allein ausreichend, erst alle drei zusammen sichern den Erfolg. Dabei kann es in vielen Fällen sinnvoller sein, mit dem zuletzt genannten Schritt der Ausleitung der bereits gelöst vorhanden sowie der laufend anfallenden Säuren zu beginnen. Damit stellen Sie sicher, dass Ihr Körper für die Schlacken*lösung* über die größtmögliche Speicherkapazität verfügt und zu keinem Zeitpunkt mit der anfallenden Säuremenge überfordert ist. Dann kommt der zweite Schritt, die Basenflut für den Körper, sodass mehr als ausreichend Mineralstoffe und Spurenelemente zur Neutralisierung zur Verfügung stehen. Erst zuletzt folgt dann die Lösung der bisher gebundenen Säuren, die als Schlacken in vielen »Sondermülldeponien« im Körper gelagert sind. Ihr Körper wird es Ihnen durch Wohlgefühl danken.

So werden Heilkrisen, Erstverschlimmerungen, aber auch Fastenkrisen zuverlässig vermieden. Sie sind aus Unkenntnis entstehende Reaktionen des Körpers auf einen zu intensiven ersten Schritt der Auflösung und einen nicht ausreichenden zweiten und dritten Schritt. Hier noch einmal die wichtigsten Basenlieferanten: Obst, Gemüse, Gemüsesäfte, Tee, Salate, das Verlernen von Ärger, das Abgewöhnen von Angst, das Vermeiden von Stress und das regelmäßige Genießen von Licht, Luft und Muße.

Es liegt also in Ihrer Hand, die segensreiche Wirkung der Entsäuerung und des ständigen Säure-Basen-Gleichgewichts zu nutzen, um sich in einem gesunden Körper viele Jahre zusätzlich wohl zu fühlen und das Leben wirklich zu genießen.

Es genügt natürlich nicht, einige Wochen eine basische Ernährung einzuhalten, um danach genauso weiterzumachen wie vorher, sondern es geht um eine grundlegende Änderung der Ernährungsgewohnheiten, denn nur wenn eine basische Ernährung zur Gewohnheit geworden ist, wird sie dauerhaft eingehalten und erst dadurch wirklich hilfreich. Gehen Sie daher Schritt für Schritt vor und beginnen Sie mit den Veränderungen, die Ihnen am leichtesten fallen. Bei mir war das z. B. der Entschluss, morgens nur noch Obst zu essen, was ich seitdem ohne besondere Mühe eingehalten habe, eben weil es zu einer selbstverständlichen Gewohnheit geworden ist. Ein nächster sinnvoller Schritt könnte sein, regelmäßig mehr zu trinken, denn eine Entschlackung des Körpers ohne ausreichend Flüssigkeit ist nicht möglich. Finden Sie *Ihre* eigenen Schritte, aber machen Sie *jeden* Schritt von da an konsequent zur Gewohnheit, das heißt, halten Sie ihn ohne jede Ausnahme ein.

Zusätzlich ist eine regelmäßige Bauchselbstmassage sehr hilfreich. Das heißt, wenigstens einmal täglich alle Bereiche des Bauches kräftig zu massieren und besonders die festeren Bereiche zu lösen. Das bringt die Blutzirkulation in Schwung, sodass auch verschlackte Bereiche mit basenreichem Blut durchströmt und gereinigt werden. Durch diese Massage werden natürlich auch immer wieder die überfüllten »Säuredepots« geleert, weshalb eine basische Nahrungsergänzung anzuraten ist, damit wirklich genügend Basen zur Verfügung stehen, um die frei gewordenen Säuren zu neutralisieren.

Das »Verjüngungsbad«

Eine andere große Hilfe bei der Entschlackung sind die Basenbädern mit einem pH-Wert von etwa 8,5, den Sie mit einigen Esslöffeln Natron leicht erreichen. Hier spielt die Badedauer eine große Rolle, denn erst nach einer Stunde beginnt die eigentliche Wirkung. Sie sollten daher möglichst 2 bis 3 Stunden baden und das während der Hauptentschlackungsphase ruhig zwei- bis dreimal wöchentlich. Aber auch danach sind solche Basenbäder eine Wohltat für den Körper und sehr zu empfehlen. Wegen der längeren Verweildauer sollte das Badewasser nicht zu warm sein, um den Kreislauf nicht unnötig zu belasten, also etwa

35 bis maximal 38 Grad C haben. Um die Wirkung noch zu verstärken, können Sie dem Bad eine Basenmischung (vgl. vorne in diesem Kapitel) beifügen, damit der Körper beim Baden nicht nur entsäuert, sondern auch remineralisiert wird. Auch Baseneinläufe intensivieren die Entschlackung des Körpers. Dabei verwenden Sie 3 Gramm Natriumbikarbonat pro Einlauf und lassen den Einlauf so lange wie möglich wirken. Das hat den Vorteil, dass nicht nur eine intensive Entschlackung stattfindet, sondern gleichzeitig auch eine Darmsanierung. Ergänzend kann auch der Saunabesuch hilfreich sein, wenn ausreichend getrunken wird und genügend Basen genommen werden.

Was tun im akuten Notfall?

Ein kritischer Zustand durch Übersäuerung, zum Beispiel ein Herzanfall oder Schlaganfall, kommt selten ohne Vorankündigung. Meine Großmutter sagte immer: »Bevor ein Gewitter kommt, donnert es meistens.« Eine solche Vorankündigung kann ein Schmerz in der Brust sein, ein Schwindelgefühl oder eine eingeschränkte Bewegungsfreiheit. Hier möchte ich meinen Rat wiederholen, sofort 8 bis 10 Gramm Natriumbikarbonat, das zur akuten Entsäuerung ohnehin immer greifbar im Haus sein sollte, in ausreichend Wasser gelöst zu trinken. Ausreichend heißt: so viel Wasser, dass sich alles restlos auflöst. Es wirkt am schnellsten, wenn es in körperwarmes Wasser gegeben wird und wenn man es bei leerem Magen trinkt. Die hohe Dosierung ist wichtig, damit dem Körper sofort eine Basenflut zur Verfügung steht, um eine beginnende Starre der roten Blutkörperchen so schnell wie möglich aufzulösen. Natürlich ist es sinnvoll, den Arzt oder in dringenden Fällen den Notarzt zu verständigen, aber oft sind gerade die Minuten bis zu seinem Erscheinen lebenswichtig. Da kann es hilfreich sein, außerdem die betroffenen Körperpartien großflächig mit in Wasser gelöstem Natriumbikarbonat einzureiben, damit es auch über die Haut aufgenommen wird. Eine einmalige Überdosierung kann nicht schaden, eine Unterdosierung aber kann tödlich sein.

Oft ist der Anfall damit bereits vorbei, wenn der Arzt kommt. Aber auch wenn die Katastrophe abgewendet werden kann, ist es sinnvoll, noch ein- bis zweimal am gleichen Tag etwa 5 Gramm Natron in Wasser gelöst zu trinken, damit der Körper wirklich ausreichend Basen zur Verfügung hat, denn die Basenflut lockt weitere Säuren aus den Depots, und auch die müssen kompensiert werden.

Die Remineralisierung des Körpers

So belastend die Übersäuerung des Körpers auch ist, die Folge davon, die Demineralisierung ist auf Dauer noch schlimmer. Sie macht sich im ganzen Körper bemerkbar, sämtliche Organe werden in ihrer Funktion beeinträchtigt, und auch die endokrinen Drüsen können ihre Aufgabe nur noch unzureichend erfüllen. Der Blutdruck fällt aus der Norm, die Zähne werden anfällig für Karies, die Haare fallen zunehmend aus, und die Knochen und Gelenke werden entscheidend geschwächt. Es kommt zu akuten und letztlich chronischen Gelenkentzündungen und der gefürchteten Osteoporose, also der Knochenentkalkung, sodass Knochenbrüche schon bei geringer Belastung immer häufiger werden.

Die Entsäuerung des Körpers ist daher nur der erste Schritt zur Gesundheit. Der zweite Schritt ist die notwendige Remineralisierung, die Wiederauffüllung der Mineralstoffdepots des Körpers.

Meistens ist der Mangel so groß, dass dies mit einer basischen Ernährung allein nicht zu erreichen ist, einfach weil der Basenüberschuss nicht hoch genug ist. Hier ist der Körper auf eine basenspendende Nahrungsergänzung angewiesen (vgl. S. 40 und Anhang).

Ihr persönliches Entsäuerungsprogramm

- Regelmäßige Kontrolle des pH-Wertes (siehe S. 36 ff.).
- Basenreiche Ernährung.
- Bis Mittag möglichst nur Obst essen.
- Genügend trinken.
- Wasser ist nicht gleich Wasser, möglichst kohlensäurefreies Wasser trinken.
- Viel natürliche Nahrung und möglichst frisch.
- Nicht zu viel Eiweiß, wenig Zucker und Salz.
- Genussgifte meiden (Alkohol, Nikotin usw.).
- Ärger und Stress vermeiden oder »verlernen«.
- Basenbildende Nahrungsergänzung täglich, mit Spurenelementen.
- Ein gutes Entsäuerungs- und Remineralisierungsmittel.
- Basenbäder so oft wie möglich.
- In Ruhe essen und gründlich kauen.
- Nicht spätabends essen.
- Einmal täglich eine Basenflut, die zu einem pH-Wert von 7,5 führt.
- Tägliche ausreichende Bewegung zur Sauerstoffaufnahme und Entsäuerung über die Lunge.
- Natürliche Vollatmung.
- Wenig oder kein Fleisch essen.
- Gelegentlich fasten.
- Regelmäßig ein entsäuerndes und remineralisierendes Getränk (z. B. *Royal Plus*).

- Basische Pflanzenpräparate wie Spirulina, Blütenpollen oder Sprossen.
- Viel Kartoffeln essen.
- Gewürze statt Salz verwenden.
- Einen Vital-Ionengenerator für »aktiven« Sauerstoff im Auto und am Arbeitsplatz haben.
- Auf die Bedürfnisse Ihres Körpers achten, Sie haben nur diesen einen.

4

Das Säure-Basen-Gleichgewicht in der Ernährung

Es ist erstaunlich, wie wenigen Menschen bewusst ist, dass der größte Teil der Übersäuerung des Körpers durch falsche Ernährung entsteht. Unsere Essgewohnheiten bestimmen weitgehend die Gesundheit unseres Körpers. Das betrifft die Situation des Verdauungssystems und des Kreislaufs, aber auch der Lymphe, des Gewebes, bis hin zu den einzelnen Zellen. Sogar die Art unseres Verhaltens und unsere zwischenmenschlichen Beziehungen werden von unseren Ernährungsgewohnheiten mitbestimmt. Denn wenn wir uns vorwiegend sauer ernähren, kommt es auch häufiger zu »sauren« psychischen Reaktionen, wie Ärger, Aggressionen, Stress usw. Auch die Art unseres Denkens, die Klarheit unseres Bewusstseins und unsere daraus resultierenden Entscheidungen werden von unserer Ernährung mitbestimmt.

Es ist daher lebenswichtig, dass wir uns möglichst optimal ernähren. Bei 70 Gramm Proteinanteil in der täglichen Nahrung entsteht eine entsprechende Menge an Säuren, die der Körper durch Basen neutralisieren muss. Stehen diese Basen aber nicht oder nicht ausreichend zur Verfügung, bleibt ein täglicher Rest an Säure, den der Organismus im Körper speichern muss. Das sind im Laufe der Zeit einige Kilo an Säuren, die so unsere Gesundheit belasten und unser Gewicht unnötig erhöhen. Auch unser Immunsystem, das zum größten Teil von der Darmfunktion abhängt, wird dadurch beeinträchtigt, bis es seine Aufgabe gar nicht mehr erfüllen kann.

Machen wir uns noch einmal bewusst, dass wir uns nicht von dem ernähren, was wir essen, sondern nur von dem, was unsere Verdauung daraus macht. Ist der Darm sauber und funktionstüchtig, sind wir gesund und glücklich. Mit unseren heutigen Ernährungsgewohnheiten aber leben wir im wahrsten Sinne des Wortes »lebensgefährlich«.

Die hauptsächlichen Ernährungsfehler sind:
Es wird zu viel vom Falschen und zu wenig vom Natürlichen gegessen.
Es wird zu oft, zu viel und zu schnell gegessen.
Es wird zu schwer, zu spät und zu viel Eiweiß gegessen.
Es wird zu wenig getrunken, und es werden keine Fastenpausen gemacht, die der Urmensch noch ganz natürlich kannte, weil er nicht immer pünktlich um 12.30 Uhr etwas zu essen fand.

Zucker ist Gift für Ihren Körper

Zucker ist in fast allen Nahrungsmitteln enthalten und macht etwa 50% der Kohlehydrate aus, die wir mit der Nahrung aufnehmen. Viel Zucker aber macht müde und bringt das Immunsystem durcheinander. Je mehr Süßes wir essen, desto weniger gesunde Nahrung essen wir und sind damit wahrscheinlich an Vitaminen und Mineralstoffen unterversorgt. Und dass Zucker schlecht für die Zähne ist, weiß inzwischen wohl jeder. Zucker macht zwar das Leben süß, aber den Körper sauer. Zudem ist er ein Vitamin-B1-Räuber, weil er dieses Vitamin nicht enthält, aber für den biochemischen Umwandlungsprozess dringend benötigt. Selbst ein Bundesgericht hat in einem Aufsehen erregenden Urteil festgestellt, dass Zucker ein Schadstoff ist.

Der natürliche Zucker aus Zuckerrohr enthält einen hohen Anteil an lebenswichtigen Spurenelementen, Mineralstoffen und Vitaminen. Unser Zucker hat alles das durch die Raffinierung verloren und ist zudem noch durch Bleichung belastet. Weißer Zucker lähmt die Darmperistaltik und belastet das Immunsystem stark. Er zerstört den Zahnschmelz und bereitet den Weg für Bakterien. Aber er beeinträchtigt auch die Intelligenz, selbst wenn wir das nicht gleich bemerken, weil wir Bildung mit Intelligenz verwechseln. Würde Zucker heute als neues Produkt eingeführt werden, könnte er niemals eine Zulassung als Lebensmittel bekommen. Er ist ein starkes Gift und gehört in die Apotheke. Er schwächt das Gehirn und verändert das Verhalten.

Vor allem überbeansprucht einfacher Zucker die Bauchspeicheldrüse, weil er sie zwingt, ein Übermaß an Insulin zu produzieren, um den Blutzuckerspiegel wieder zu senken. Der gesenkte Blutzuckerspiegel aber weckt den Heißhunger, und allzu oft greifen wir dann wieder zu etwas Süßem und setzen damit einen Teufelskreis in Gang.

Wann immer wir unsere Nahrung nur vom Geschmack bestimmen lassen, begehen wir häufig langsamen Selbstmord mit Messer und Gabel. Wahre Lebensmittel aber können sogar der Heilung dienen. Meiden Sie Nahrungsmittel, die Ihnen nicht schmecken oder nicht bekommen, mögen sie noch so gesund sein, denn Ihr Körper ist der zuverlässigste Nahrungsexperte, und auf seinen Rat sollten Sie unbedingt hören.

Kochsalz (Natriumchlorid)

Der menschliche Organismus ist auf Kochsalz angewiesen und benötigt etwa 3 Gramm davon täglich. Wir aber nehmen mit unserer Nahrung im Durchschnitt etwa 15 Gramm am Tag zu uns und belasten damit unseren Körper in einem viel höheren Maße, als den meisten bewusst ist. Zu viel Salz kann Sie umbringen, weil es eine direkte Verbindung zwischen Salz und Bluthochdruck gibt, der oft nicht bemerkt wird, bis es zu spät ist. Zu viel Salz macht auch müde, launisch und gereizt; es schwemmt auf und schadet den Nieren. Wenn aber die Nieren nicht ausreichend funktionieren, steigt der Blutdruck. Ersetzen Sie daher Salz, wo immer es möglich ist, durch Kräuter und natürliche Gewürze.

Kau dich gesund: das Tao des Kauens

Wer kennt nicht den Spruch: »Gut gekaut ist halb verdaut.« Aber was heißt eigentlich gründlich kauen? Die optimale Vorverdauung durch richtiges Kauen unterstützt die Schwerstarbeit von Magen und Darm. Verdauungsprobleme, mögen sie noch so lange bestehen, verschwinden innerhalb weniger Tage, wenn wirklich konsequent und gründlich gekaut wird. Ernährungsfachleute empfehlen, jeden Bissen 32-mal zu kauen. Statt zu zählen, können Sie auch einfach so lange kauen, bis die Nahrung flüssig geworden ist. Damit ist die optimale Nutzung der lebenswichtigen Vitamine und Nährstoffe gesichert, und das Immunsystem wird spürbar gestärkt.

Außerdem ist gründliches Kauen eine absolut zuverlässige Methode, schnell und auf gesunde Weise abzunehmen und sein Idealgewicht ein Leben lang mühelos zu halten. Wundern Sie sich dabei nicht, wie wenig Sie essen, um vollkommen satt zu sein, denn durch das übliche Schlingen des Essens bekommt der Körper eine falsche Information. Außerdem werden Sie anfangs eine ungewohnte Erfahrung machen: Sie bekommen Muskelkater beim Kauen, weil die Kaumuskeln zwar ziemlich stark, aber kaum trainiert sind. Der verschwindet sehr schnell, aber das Wohlbefinden, das gründliches Kauen verursacht, das bleibt. Gründliches, langsames Kauen schafft auch die Voraussetzung für eine harmonische Verfassung und verändert wohltuend Ihre Grundeinstellung zum Leben.

Bei gründlichem Kauen wird Essen ein geradezu meditatives Erlebnis und Bissen für Bissen fast zu einer Glücksdroge, denn bei dieser Art des Kauens wird in unserem Gehirn das Glückshormon Serotonin produziert. Außerdem entfaltet die Nahrung erst durch gründliches Kauen den vollen Geschmack und Sie werden zum Feinschmecker. Ihr natürliches Nahrungsempfinden stellt sich wieder ein, und Sie weigern sich, bisher vielleicht gewohnten »Nahrungsschrott« zu sich zu nehmen, weil Sie auch ein Gespür für die energetische Qualität der Nahrung bekommen.

Säureüberschüssige Nahrungsmittel

Hier eine Liste der wichtigsten säureüberschüssigen Nahrungsmittel:

Aal, Anchovis, Avocado, Bauchfleisch, Bier, Blutwurst, Bockwurst, Bonbons, Brathering, Bratwurst, Bries, Butterkeks, Curry, Dorsch, Drops, Edamer, Edelpilzkäse, Eierlikör, Eisbein, Emmentaler (45% Fett i. Tr.), Erdnüsse, Fasan, Fischstäbchen, Fleisch, Fleischwurst, Forelle, Frankfurter, Frikadellen (Hamburger), Fritierfett, Gänseleber, Gans, Gelbwurst, Gorgonzola, Hackfleisch, Hase, Hecht, Heilbutt, Hering, Hummerkrabben, Jagdwurst, Jakobsmuscheln, Kabeljau, kandierte Früchte, Karpfen, Käsekuchen, Kartoffelchips, Kasseler, Ketchup, Kirschwasser, Kochwurst, Kokosfett, Kokosnuss, Kotelett vom Schwein, Krebsfleisch, Kroketten frittiert, Kunsthonig, Lachs, Lamm, Languste, Laugenbrezel, Leber, Leberknödel, Leberwurst, Lebkuchen, Limonade, Linsen, Madeira, Makrelen, Malzbier, Marzipan, Mayonnaise, Mettwurst, Miesmuscheln, Niere, Nougat, Obstwein, Ochsenzunge, Parmaschinken, Pfifferlinge, Pfirsich aus der Dose, Plockwurst, Pommes frites, Remoulade, Rinderbraten, Roastbeef, Rohrzucker, Rollmops, Rotbarsch geräuchert, Rotwurst, Rum, Rumpsteak, Sachertorte, Salami, Salz, Sardellen, Sardinen, Schinken roh, Schlackwurst, Schmelzkäse, Schweinefleisch fett, Seelachs, Sekt, Speck, Suppenwürfel, Tee (schwarzer), Teewurst, Truthahn, Tunfisch, Weinbrand, Weißwein, Weißwurst, Whisky, Wiener, Wildschwein, Zanderfilet, Zimtsterne, Zucker, Zunge.

Basenüberschüssige und neutrale Lebensmittel

Hier die entsprechende Liste der basenüberschüssigen und neutralen Lebensmittel:

Ananas, Apfel, Apfelkuchen (Hefeteig), Apfelmus, Apfelsaft (natur), Apfelsine, Apfelsinensaft (natur), Apfelwein, Aprikosen, Artischocken, Aspik, Auberginen, Austern, Bambussprossen, Bananen, Birnen, Bleichsellerie, Blumenkohl, Bohnen (grün), Briekäse, Brokkoli, Brombeeren, Butter, Buttermilch, Camembert (30 % Fett i. Tr.), Chicoree, Diätmargarine, Diätöl, Diätsalz, Dickmilch, Dill, Dillgurken, Distelöl, Eisbergsalat, Endiviensalat, Erbsen (frisch), Erdbeeren (frisch), Essiggurken, Fenchel, fettarme Milch, Filet vom Kalb, Filet vom Rind, Frischkäse, Gänsebrust, Gelatine, Grahambrot, Grapefruitsaft, Graubrot, Graupen, Grieß, Grünkohl, Gurken, Hagebutten, Harzer Käse, Hefe, Heidelbeeren, Himbeeren, Hirse, Honigmelone, Huhn gebraten und gekocht, Hüttenkäse, Jogurt, Johannisbeeren, Kakifrüchte, Kalbshaxe, Karotten, Kartoffeln, Kartoffelknödel, Kartoffelsuppe, Kirschen, Knäckebrot, Knoblauch, Kohlrabi, Kondensmilch, Kräutertee, Kresse, Leinsamen, Magermilch, Mais, Margarine, Maultaschen, Melone, Milch (1,5 und 3,5% Fett), Mineralwasser (ohne Kohlensäure), Mirabellen, Nektarinen, Nudeln, Nüsse, Orangen, Orangensaft (natur), Petersilie, Pfirsich (frisch), Pflaumen, Porree, Pumpernickel, Putenfleisch, Quark (Magerstufe), Quitten, Radieschen, Rahmspinat, Rehkeule, Reis (Vollkorn), Rettich, Roggenmehl (Typ 997), Roggenvollkornbrot, Rosenkohl, Rote Bete, Rotkohl, Sanddornsaft, Sauerkraut, Sauerkrautsaft, saure Sahne, Schellfisch, Schichtkäse, Scholle, Schwarzwurzel, Sellerie, Sojakeimlinge, Sonnenblumenöl, Spargel, Spinat, Suppengemüse, Tee (grüner), Tomaten, Tomatensaft, Trüffel, Vollkornbrot, Weißkohl, Wirsingkohl, Zitronen, Zucchini, Zuckermais, Zwiebeln.

Obst, der ideale Tagesbeginn

Generell ist Obst für eine basische Ernährung besonders wichtig, und im Idealfall sollten sie *jeden* Tag mit einem Frühstück ausschließlich aus Obst beginnen. Das erfreut nicht nur das Auge und den Gaumen, sondern schenkt Ihnen eine Fitness und Vitalität, um die man Sie beneiden wird.

Eine der köstlichsten Früchte ist die Ananas. Ihre Enzyme sind wichtig und heilsam, weil ihr Enzym Bromelin abgestorbenes Gewebe verdaut, ohne gesundes Gewebe

Wie basisch ist Ihre Nahrung?

Nahrungsmittel	Basisch
Äpfel, Birnen	++++
Aprikosen	+++++
Bananen	+++++
Blumenkohl	+++
Brokkoli	+++
Erbsen, grün	+++
Grapefruit	+++++
Grüner Tee	++++
Grünkohl	+++
Heidelbeeren	+++
Joghurt, Kefir	+++
Johannis- und Erdbeeren	++++
Kartoffeln	+++++
Kiwis	++++
Knoblauch	++++
Kürbis	+++++
Möhren	++++
Molke, Buttermilch	++
Orangen	+++++
Papayas	+++++
Paprika	++++
Pilze	++
Radieschen, Rettich	++++
Rote Bete	++++
Schnittlauch, Petersilie	+++++
Spinat	+++++
Weiße Bohnen, frisch	+++
Weißkohl	+++
Wirsing, Rosenkohl	+++
Zwiebeln	+++

zu belasten, und so dem Körper hilft, sich sauber zu halten und auf gesunde Weise abzunehmen. Natürlich ist die Ananas basisch und harmonisiert dadurch Ihren Säure-Basen-Haushalt.

Aber auch ein Apfel ist basisch und gesund und sollte ungeschält und mit dem Gehäuse gegessen werden. Er reinigt den Körper und senkt den Cholesterinspiegel auf natürliche Weise. Auch die Birne sollte man nicht unterschätzen. Sie wirkt reinigend, hat eine leicht abführende Wirkung und enthält wichtige Mineralstoffe.

Besonders zu schätzen ist die Aprikose. Sie hat einen ungewöhnlich hohen Mineralgehalt und ist das »Multivitaminbonbon« der *Hunza*, des wohl gesündesten Volkes der Erde. Getrocknet steht sie auch im Winter jederzeit zur Verfügung und sollte zu Ihrem täglichen Nahrungsmittel gehören. Nicht zu vergessen die Erdbeere, die ich als köstlichste einheimische Frucht schätze. In der Erdbeerzeit esse ich täglich mindestens 1 bis 2 Pfund.

Unübertroffen im Mineralgehalt aber sind Datteln und Feigen und daher sehr zu empfehlen, zumal auch sie jederzeit verfügbar sind. Unverzichtbar für mich ist die Mango. Diese köstliche tropische Frucht ist nicht nur sehr wohlschmeckend, sondern sie lindert auch viele Belastungen des Körpers.

Die bei Übersäuerung am schnellsten wirkende Frucht ist aber die Wassermelone. Wann immer es möglich ist, sollten Sie sie essen. Schon eine Stunde nach dem Verzehr ist Ihr pH-Wert im grünen Bereich. Am besten isst man sie allein, denn so ist sie schon in 20 Minuten im Darm, entsäuert und reinigt Ihren Körper.

Vergessen Sie Himbeeren und Heidelbeeren nicht. Sie haben nicht nur ein besonderes Aroma und schmecken köstlich, sie reinigen auch Blut und Darm und haben einen hohen Basenüberschuss. Wenn Kirschenzeit ist, sollten Sie täglich Kirschen auf den Speiseplan setzen, am besten als Teil eines köstlichen Obstfrühstücks, den sie sind der reinste Jungbrunnen für Stoffwechsel und Verdauung und haben nicht nur einen hohen Basenanteil, sondern enthalten sehr viel natürliches Zink, das für die Säureausscheidung der Nieren unverzichtbar ist. Und natürlich gehören Orangen auf den Speiseplan einer Entsäuerungsdiät, ebenso wie Pfirsiche, die besonders als dreitägige reine Pfirsichdiät hilfreich sind.

Wenn Sie Probleme mit der Verdauung haben, dann ist die Pflaume ein wahres Wundermittel, denn sie hilft zuverlässig, das, was Ihr Körper nicht mehr braucht, wieder loszuwerden. Auch Mandeln und Haselnüsse haben einen hohen Mineralgehalt. Und sobald Papayas angeboten werden, sollten Sie zugreifen. Das sind besonders köstliche Früchte, die dem Körper auf vielfältige Weise helfen.

Wenn Sie also dem Alter ein Schnippchen schlagen wollen, dann ist Obst ein schmackhafter und preiswerter Jungbrunnen in jedem Lebensalter.

Obst und seine Inhaltsstoffe

Obstsorte (100 g)	**kcal**	**Ballaststoffe (g)**	**Vitamin C (mg)**	**Karotinoide (µg)**	**Vitamin (mg)**	**Kalzium (mg)**	**Kalium (mg)**
Ananas	56	1,4	19	60	0,1	16	173
Apfel	55	2,3	12	47	0,5	7	144
Aprikose	45	2,0	9	1790	0,5	16	278
Banane	92	3,1	12	230	0,3	9	390
Birne	55	2,8	5	32	0,4	10	125
Erdbeere	33	2,0	64	49	0,1	26	150

Grapefruit	40	0,6	44	15	0,3	18	180
Heidelbeere	37	4,9	22	130	0,5	10	65
Himbeere	36	4,7	25	80	0,5	40	170
Kirsche	63	1,9	15	100	0,1	17	230
Kiwi	53	3,9	71	370	0,5	38	300
Orange	43	2,2	50	90	0,2	42	180
Pfirsich	42	1,7	10	440	0,6	8	205
Pflaume	50	1,7	5	210	0,8	14	220
Stachelbeere	39	3,0	35	210	0,4	29	200
Wassermelone	37	0,3	6	200	0,1	10	158
Weintraube	70	1,6	4	27	0,1	18	190

Die Banane, die Frucht der Weisen

Keine andere Frucht kann eine solch ausgewogene Nährstoffbilanz vorweisen wie die Banane. Sie harmonisiert den Herzrhythmus und den Blutzuckerspiegel und erweitert das Bewusstsein, weshalb man sie auch die »Frucht der Weisen« nennt. Außerdem hebt sie den Serotoninspiegel, was sich positiv auf Ihre Stimmung auswirkt. Sie ist leicht zu verdauen, besonders auch für Kinder zu empfehlen, bietet leicht verfügbare Basen und macht nicht dick. Sie enthält auch die sehr wichtige Folsäure, die z. B. die Alzheimerkrankheit verhindern hilft. Besonders in der Schwangerschaft ist sie sehr wichtig, weil dann sehr häufig ein Folsäuremangel besteht.

Die Natur liefert sie in einer hygienischen Verpackung, und Sie sollten sich *täglich* 1 bis 2 Bananen gönnen.

Sie ist eines der besten natürlichen Magenmedikamente und schmeckt auch gebacken hervorragend. 4 bis 5 Bananen, in der Pfanne kurz gebacken, ergeben eine komplette köstliche Mahlzeit. Wenn Sie das nicht kennen, haben Sie etwas versäumt.

Trauben, ein Lebenselixier

Ganz gleich ob weiß oder rot, Trauben sind ein ausgezeichnetes Nahrungsmittel, zumal der Traubenzucker ohne Umwege direkt ins Blut übergeht. Sie stimulieren die Nerven und sind ein unverzichtbarer Bestandteil einer basischen Ernährung, auch als Traubensaft sehr zu empfehlen. Schon eine zehntägige Kur mit rotem Traubensaft senkt drastisch die Blutgerinnungsneigung, und mit 2 bis 3 Gläsern rotem Traubensaft täglich schaffen Sie sich einen zuverlässigen Schutz gegen Herzinfarkt. Mit hoher Wahrscheinlichkeit verlängert roter Traubensaft Ihr Leben und hilft Ihnen, bis ins hohe Alter gesund und vital zu bleiben.

Gemüse, ein Jungbrunnen

Grünes Gemüse, ob roh oder gekocht, gehört zu den mineralstoffreichsten Nahrungsmitteln und enthält daher viele wertvolle Basen, die Ihr Körper dringend benötigt. Eine Portion Gemüse *täglich* ist für eine basenreiche Nahrung daher unverzichtbar.

Zum Rohessen besonders geeignet sind Karotten und, wenn Sie ihn mögen, Kohlrabi. Einen besonders hohen Mineralstoffgehalt haben Linsen, Lauch und Kürbis, und auch Rote Bete ist sehr zu empfehlen. Den höchsten Mineralstoffgehalt aber haben Spinat und Petersilie. Die schnellste Reinigungswirkung werden Sie beim Spargel spüren.

Besonders zu schätzen sind die Oliven, denn sie sind sehr reich an Kalium in einer bioverfügbaren Form. Deswegen sollten Sie auch möglichst viel Olivenöl verwenden, am besten natürlich kaltgepresstes aus erster Pressung. Lassen Sie Oliven und Olivenöl zu einem täglichen

Bestandteil Ihrer Nahrung werden, Sie tun sich damit etwas besonders Gutes.

Die Kartoffel, die tolle Knolle

Sie ist für eine basische Ernährung unverzichtbar und ein ideales Nahrungsmittel für alle, die übersäuert sind – und das sind die meisten. Sie bindet im Magen Säuren und hilft daher bei Magenschleimhautentzündung und Magengeschwüren. Ihre ausgeprägt basische Wirkung aber kommt dem ganzen Organismus zugute. Außerdem stärkt die »tolle Knolle« das Nervensystem und verringert dadurch die Stressanfälligkeit.

Knoblauch, ein idealer Drüsenregulator

Knoblauch wird in vielen Kulturen als Heilpflanze geschätzt und ist eines der wunderbarsten Heilmittel der Natur, obwohl noch immer nicht genau bestimmt werden konnte, welche Substanz im Knoblauch diese Heilwirkungen haben. Fest steht, dass er ein idealer Drüsenregulator ist und angesichts der Bandbreite seiner Wirkungen als wahres Tonikum anzusehen ist. Besonders intensiv ist seine Wirkung auf die Herzkranzgefäße, und er senkt den Blutdruck ohne Nebenwirkungen, wenn man einmal von dem Duft absieht. Es gibt also viele Gründe, die segensreiche Wirkung des Knoblauchs der Küche mehr zu nutzen.

Gewürze können zaubern

Auch Gewürze haben, bedingt durch ihren hohen Mineralstoffanteil, eine starke basische Wirkung. Besonders zu erwähnen sind dabei Zimt und Lorbeerblätter, weißer

Pfeffer, Dill und Majoran, Kümmel und Zwiebel. Über allem aber steht der Schwarzkümmel. Schon vor anderthalb Jahrtausenden verkündete der Prophet Mohammed in seinem »Hadith«, dass Schwarzkümmel jede Krankheit heilt. Aber auch die moderne Medizin kommt zu der Erkenntnis, dass Schwarzkümmel *(Nigella sativa)* in der Lage ist, das Immunsystem wieder zu normalisieren und zu optimieren. Schwarzkümmelöl enthält wertvolle, mehrfach ungesättigte Fettsäuren, die für den Körper unverzichtbar sind. Mit kaum einem anderen Mittel kann man einfacher und wirkungsvoller dem Körper helfen, seine vielfältigen Aufgaben noch besser zu erfüllen, was sich sehr schnell in einem gesteigerten Wohlbefinden bemerkbar macht.

Joghurt für ein langes Leben

Der Joghurt nimmt unter den Nahrungsmitteln einen ganz besonderen Platz ein. Er beseitigt nicht nur Krankheitserreger, die Magen- und Darmprobleme verursachen, sondern hemmt auch die Bildung von Tumoren und schützt so vor Krebs. Er ist reich an Kalzium zur Knochenbildung und -stärkung, was besonders im Alter wichtig ist.

Er ist eines der Grundnahrungsmittel besonders langlebiger Völker und sollte auch zu Ihren bevorzugten und regelmäßigen Nahrungsmitteln gehören. Ihr Körper wird es Ihnen danken.

Der pH-Wert des Regenwassers

Die moderne Zivilisationskost führt in jedem Fall zu einer latenten Übersäuerung, weil die Säureanteile bei weitem überwiegen. Das ist nicht zuletzt auch auf die zunehmende Übersäuerung des Regens zurückzuführen.

Die Entwicklung des pH-Wertes im Regenwasser

Jahr	1965	1970	1984	1995
pH-Wert	5,2	4,4	4,1	4,0

Auch wenn wir uns vorwiegend von Früchten, Salat und Gemüse ernähren, im Idealfall sogar aus biologischem Anbau, ist alles der Wirkung des sauren Regens ausgesetzt. Dieser saure Regen vermindert zunehmend auch den Gehalt an Mineralstoffen unserer Nahrungspflanzen, und zwar in einem erheblichen Maße. So wird auch die natürlichste Ernährung uns das Schicksal nicht ersparen, das die anderen Lebewesen erleiden, denn Bäume und Fische leben natürlicher als wir und sterben trotzdem. Wir müssen diese Mängel durch eine basische Zusatznahrung ausgleichen, was Bäume und Tiere leider nicht können.

Die Bedeutung der wichtigsten Mineralstoffe

Bei den Mineralstoffen und Spurenelementen handelt es sich um anorganische Elemente, die zwar selbst keine Energie liefern, die aber an allen Lebensvorgängen des menschlichen Körpers entscheidend beteiligt sind. Sie können vom Körper nicht produziert werden und müssen daher in ausreichender Menge mit der täglichen Nahrung zugeführt werden, zumal sie durch Schweiß, Urin und Stuhl ständig ausgeschieden werden. Wir unterscheiden dabei die *Mengenelemente,* deren Konzentration mehr als 50 mg/kg Körpergewicht beträgt, und die *Spurenelemente,* die zwar nur in winzigen Mengen benötigt werden, die aber ebenso unverzichtbar für den optimalen Ablauf der Lebensvorgänge sind.

Hier eine Aufstellung der Mineralstoffe und Spurenelemente, die als essenziell, also als lebensnotwendig angesehen werden:

Mengenelemente	**Spurenelemente**
Kalzium	Arsen
Kalium	Chrom
Magnesium	Eisen
Natrium	Fluor
Chlor	Jod
Phosphor	Kobalt
Schwefel	Kupfer
	Mangan
	Molybdän
	Nickel
	Selen
	Silizium
	Vanadium
	Zink
	Zinn

Kalzium

In Ihrem Körper befinden sich etwa 1 bis 1,5 Kilogramm Kalzium. Etwa 95 bis 98 % davon sind in Ihrem Skelettsystem gebunden und sorgen für die nötige Festigkeit und Elastizität Ihrer Knochen. Ohne Kalzium können weder Knochen noch Zähne gebildet werden, weshalb besonders Jugendliche einen erhöhten Bedarf haben. Aber auch für die Funktion von Nerven und Muskeln, wozu das Herz gehört, ist Kalzium unverzichtbar. Eine Kalziumunterversorgung führt rasch zu nervösen Spannungen, zu Einschlaf- und Durchschlafschwierigkeiten, und die natürliche Heiterkeit und Gelassenheit verschwinden. Es kommt zu einer Entmineralisierung des Skeletts, und damit nimmt die Neigung zu Knochenbrüchen zu. Muskelkrämpfe und Müdigkeit stellen sich ein, und der Körper übersäuert. Die schwerst wiegende Folge eines Kalziummangels ist die Osteoporose, die mit schmerzhaften Wirbelzusammenbrüchen verbunden sein kann.

Kalzium ist das formgebende Element des Körpers. Wer raucht, Kaffee trinkt, viel Fleisch isst oder mit Antibiotika oder Kortison behandelt wird, braucht besonders viel Kalzium. Je nach Alter benötigt der Körper 1 bis 1,5 Gramm Kalzium am Tag. Hauptlieferant ist die Milch mitsamt den Milchprodukten, wie Joghurt, Quark und Hartkäse, aber auch Nüsse, Sojaprodukte und Gemüse. Eine zusätzliche Einnahme von isoliertem Kalzium ist kaum hilfreich, weil Kalzium nur in Verbindung mit Phosphor und Magnesium optimal ausgewertet wird. Wichtig ist daher die so genannte Bioverfügbarkeit des Kalziums, das wir zu uns nehmen. Süßigkeiten, Weißmehlprodukte, Fertiggerichte, Weichkäse und Aufschnitt erschweren die Aufnahme von Kalzium zusätzlich, sodass ein Großteil der Menschen unterversorgt ist, besonders Frauen in der Menopause. Und nicht zu vergessen: Die Übersäuerung des Körpers, die ständig Kalzium zur Neutralisierung erfordert, vergrößert das Defizit noch mehr.

Es genügt aber nicht, dem Körper ausreichend Kalzium in bioverfügbarer Form zuzuführen, der Körper braucht auch ausreichend Bewegung, um es in der richtigen Menge einzulagern. Sind die Kalziumspeicher gefüllt, schenkt uns dieses Mineral Ruhe und eine heitere Gelassenheit, was spürbar die Lebensqualität steigert.

Kalium

In Verbindung mit Natrium regelt Kalium den Flüssigkeitshaushalt unseres Körpers, wobei Natrium für die Zurückhaltung und Einlagerung von Wasser zuständig ist und Kalium für die ordnungsgemäße Ausscheidung sorgt. Aber Kalium setzt auch die Muskeln »unter Strom« und sorgt so für Spannkraft und Ausdauer und ist bei der Eiweißsynthese unverzichtbar. Die Kaliumverwertung wird jedoch stark beeinträchtigt durch einen zu hohen Verzehr von Kochsalz. Vor allem Senioren leiden unter einem meist latenten Kaliummangel, aber auch Sportler und Saunaliebhaber, weil mit dem Schweiß sehr viel Kalium ausgeschieden wird. Bei Kaliummangel kommt es zur Wasseransammlung (Ödembildung) im Körper, zu Ermüdung schon bei geringer Belastung, zu Darmträgheit und Herzfunktionsstörungen, beeinträchtigter Blasenfunktion und Abfall des Blutzuckerwertes.

Wir können unsere Kaliumspeicher durch Obst, Gemüse, Salate, Kartoffeln und Vollreis wieder auffüllen. Auch Sojaprodukte und Hülsenfrüchte, wie weiße Bohnen, enthalten reichlich Kalium. Sie benötigen im Normalfall etwa 3 Gramm täglich, Sportler bis 6 Gramm, um sich wohl zu fühlen.

Magnesium

Magnesium ist wichtig für den Herzrhythmus und ist hilfreich bei Stressanfälligkeit. Es beruhigt aber nicht nur, sondern macht geistesgegenwärtig und achtsamer. Es ist unverzichtbar als Startersubstanz für die etwa 300 stoffwechselaktiven Enzyme, die zur Eiweißsynthese und zum Aufbau von Abwehrkörpern für das Immunsystem benötigt werden. Bei Magnesiummangel laufen Sie energetisch auf Sparflamme und werden leicht reizbar, bei hohem Mangel sogar desorientiert. Sie benötigen täglich 400 bis 600 mg Magnesium, denn auch für jeden Nervenimpuls muss Magnesium zur Verfügung stehen. Die überdüngten und ausgelaugten Böden geben aber nur noch sehr wenig Magnesium an die Pflanzen ab, sodass viele Menschen unter einem latenten Magnesiummangel leiden, der klinisch sehr schwer feststellbar ist, da sich das meiste Magnesium im Inneren der Zellen befindet. Eine tägliche Nahrungsergänzung von 300 bis 500 mg Magnesium ist daher sehr zu empfehlen.

Die wichtigsten basenbildenden Spurenelemente und ihre Wirkung

Chrom

Chrom ist ein metallisches Mikroelement, das nur in winzigen Spuren in den Nahrungsmitteln vorhanden ist, z. B. in Weizenvollkornprodukten, in Bierhefe und Pilzen. Es spielt besonders im Zuckerstoffwechsel eine ganz wichtige Rolle. Ohne Chrom ist der Insulinhaushalt empfindlich gestört. Chrom bewirkt, dass Glukose in die Zellen gelangen kann, und es ist ein Basenbilder.

Eisen

Der Körper eines Erwachsenen enthält etwa 4 Gramm Eisen, das zum größten Teil zum Aufbau der roten Blutkörperchen dient und dort eine Schlüsselfunktion beim Sauerstofftransport ausübt. Eisenverluste sind nur schwer zu ersetzen, weil Eisen wenig bioverfügbar ist. Jeder Umsatz von Energie in den Körperzellen benötigt Eisen, und besonders Frauen verlieren durch die Menstruation viel wertvolles Eisen. So ist es kein Wunder, dass gerade Frauen sehr oft einen Eisenmangel haben. Der Eisenbedarf eines Erwachsenen liegt zwischen 10 und 20 Milligramm am Tag. Stillende Frauen und Sportler benötigen wesentlich mehr. Steht genügend Vitamin C zur Verfügung, wird die Bioverfügbarkeit des Eisens deutlich verbessert. Eisen bildet auch den aktiven Bestandteil von Enzymen. Eisenmangel zeigt sich durch mangelnde Leistungsfähigkeit, Unruhe und Kopfschmerz. In der täglichen Nahrung ist es vor allem in Spinat, Mangold, Petersilie, Kohlgemüse, Weizenkeimen und Hirse enthalten.

Jod

Jod gehört zu den essenziellen, also unverzichtbaren Spurenelementen, denn ohne Jod ist die Funktion der Schilddrüse gestört. Wenn Sie regelmäßig Fisch essen, dürfte Ihr Jodbedarf gedeckt sein, sonst sollten Sie unbedingt jodiertes Salz verwenden. Bei Jodmangel läuft der gesamte Organismus auf Sparflamme. Ein Erwachsener benötigt etwa 100 bis 150 Mikrogramm Jod am Tag, um leistungsbereit zu sein. Wenn Sie ständig müde sind, antriebsschwach, leicht frieren und ohne besonderen Grund an Gewicht zulegen, dann könnte Jodmangel die Ursache sein.

Kupfer

Kupfer ist beteiligt am Aufbau von Enzymen und hat eine entzündungshemmende Wirkung, ist aber vor allem notwendig, um Eisen in Hämoglobin umzuwandeln, den Blutfarbstoff, der für den Sauerstofftransport benötigt wird. Wenn Sie häufig Blattgemüse essen, dürfte Ihr Kupferbedarf gedeckt sein. Wenn Sie jedoch oft Entzündungen haben oder gar an Polyarthritis leiden, sollten Sie an den erhöhten Kupferbedarf denken.

Mangan

Mangan ist für gesunde und leistungsfähige Muskeln unverzichtbar, aber auch für die Eiweißsynthese und den Fett- und Kohlehydratstoffwechsel ist es erforderlich. Wir nehmen Mangan mit der Nahrung auf, vor allem durch frisches Blattgemüse, Vollkorngetreide, Hülsenfrüchte, Rote Bete und Nüsse. Wenn Sie viel Fleisch und Wurst essen, benötigen Sie besonders viel Mangan und sollten als Nahrungsergänzung etwa 50 Mikrogramm täglich zu sich nehmen.

Molybdän

Das Spurenelement Molybdän ist ein wichtiger Bestandteil des Purinstoffwechsels und hilft, Gelenkleiden und Gicht zu vermeiden. Molybdän findet sich in Blattgemüse und Vollkornprodukten sowie in Hülsenfrüchten. Der Tagesbedarf eines Erwachsenen liegt bei etwa 100 bis 150 Mikrogramm.

Selen

Viele Körperfunktionen sind für ihren optimalen Ablauf von Selen abhängig. Es hilft, Herz-Kreislauf-Erkrankungen, Krebs und vorzeitige Alterung zu vermeiden. Es ist ein antioxidativer Mikronährstoff, der in Samen und Keimen enthalten ist.

Schwefel

Schwefel ist keineswegs nur schädlich, sondern für den Aufbau wichtiger Vitamine, wie Thiamin oder Biotin, unverzichtbar, weil diese ohne Schwefel nicht synthetisiert werden können. Er ist bioverfügbar enthalten in Zwiebeln, Schnittlauch, Porree und Bierhefe.

Zink

Auch Zink ist für unzählige Körperfunktionen unverzichtbar und spielt eine besondere Rolle bei krankhaften Veränderungen der Haut, bei Nieren- und Leberfunktionsstörungen und Immunschwäche. Für die Deckung des Zinkbedarfs kommt es vor allem auf die Bioverfügbarkeit an. Fleisch, Fisch und Eier sind unsere normalen Zinklieferanten, besonders konzentriert findet es sich in Austern. Zink wird benötigt zum Zellwachstum, zur Eiweißsynthese und zur Verwertung von Vitamin A. Bei Krebs wird Zink vielfach erhöht ausgeschieden und sollte ausreichend ersetzt werden. Der tägliche Bedarf eines Erwachsenen an Zink liegt bei 15 Milligramm und ist mit der üblichen Nahrung nicht immer zu decken.

5

Atmung, Trinken und Bewegung

Atem bedeutet Leben. Sauerstoff ist unser Grundnahrungsmittel. Wir können 6 Wochen ohne Nahrung leben, 6 Tage ohne zu trinken, aber keine 6 Minuten ohne zu atmen. Dieses Grundnahrungsmittel wird uns von der Schöpfung überall kostenlos zur Verfügung gestellt, und trotzdem atmen viele Menschen gerade so viel, dass sie nicht ersticken. Das mag daher kommen, das der Atem eng mit unseren Emotionen verbunden ist und wir gelernt haben, unsere Emotionen zu unterdrücken, und so ist auch unser Atem verkrampft.

Sauerstoff ist also lebenswichtig, aber weniger bekannt ist, dass er auch entsäuert. Schon wenige Minuten tiefes Atmen in frischer Luft bei entspannter Haltung neutralisieren eine Blutübersäuerung. Zu schwaches Atmen aber führt zu einer Konzentration von Kohlendioxid im Blut und damit zur Azidose (Übersäuerung). Ungenügende Sauerstoffversorgung ist auch für mangelnde Energie und vorzeitige Zellalterung verantwortlich. Stress und Rauchen schränken die Sauerstoffzufuhr ein, aber auch körperliche Untätigkeit senkt die Sauerstoffaufnahme und setzt die Kapazität der Lungen herab.

Bei sitzender Lebensweise nimmt der Mensch pro Minute etwa 7 Liter Atemluft auf. Beim Spazierengehen erhöht sich die Luftaufnahme auf etwa 15 Liter, aber schon bei langsamem Dauerlauf werden etwa 40 Liter Atemluft aufgenommen.

Spazieren gehen reicht also nicht aus. Nur Dauerlauf oder eine ähnliche Körperbelastung wie Power-Walking, Rad fahren, Schwimmen usw. von täglich mindestens 20 Minuten können uns auf die Dauer gesund und fit halten. Dabei sollten wir wenigstens einmal am Tag ins Schwitzen kommen, und der Puls sollte für mindestens 10 Minuten bei etwa 130 gehalten werden. Ein kürzeres Training ist nicht ausreichend, es kann sogar schädlich sein.

Beim schwachen Atmen bleiben zahlreiche Stoffe im Körper als Säure zurück, weil nicht genügend Sauerstoff zur Verfügung steht, um sie zu verbrennen. Außerdem führt ein Sauerstoffmangel im Gewebe zur vermehrten Bildung von Säuren und damit zur weiteren Übersäuerung. Eine wirksame Hilfe kann es sein, wenn Sie bewusst besser *aus*atmen.

Wir atmen normalerweise etwa 16-mal pro Minute. Reduzieren Sie das einmal für einige Minuten auf viermal pro Minute, und atmen Sie dabei besonders gründlich *aus*. Das geschieht völlig leicht und mühelos, indem Sie ausatmen, bis die Lunge scheinbar leer ist, und dann noch einige Sekunden ohne Druck weiter leicht ausatmen. Dadurch entsteht ein besonders tiefer Atemzug beim Einatmen. In wenigen Minuten sind Sie vollkommen entspannt und ruhen in sich. So oft Sie daran denken, machen Sie einige Atemzüge, bei denen Sie sich auf gründliches *Aus*atmen konzentrieren. Ihr Körper wird es Ihnen durch Ruhe und ein zunehmendes Wohlgefühl danken.

Wir sollten uns auch einmal bewusst machen, wie der Körper mithilfe von Sauerstoff Energie produziert. Der Körper spaltet die Nahrung auf in Glukose, Aminosäuren und Fette. Glukose verbindet sich in den Körperzellen mit

Sauerstoff, und durch eine Reihe von biochemischen Reaktionen entsteht Adenosintriphosphat oder ATP. Ein Glukosemolekül wird so normalerweise zu 36 ATP-Molekülen, wenn genügend Sauerstoff zur Verfügung steht. Ist das nicht der Fall, fermentiert die Glukose und produziert lediglich 2 ATP-Moleküle und außerdem noch Milchsäure, die den Muskeln Energie entzieht.

Rauchen, flaches Atmen oder auch Stress schränken die Sauerstoffzufuhr ein und führen so zur Fermentierung der Glukose und zu möglichen »Gärfeldern« im Körper. Eine regelmäßige Sauerstoffdusche durch Joggen, Schwimmen, Rad fahren, Skilanglauf usw. überflutet diese möglichen Gärfelder und löst sie auf. Eine einfache Gesundheitsprophylaxe ist das tägliche »Außer-Atem-Training«. Ein paar Minuten laufen, bis Sie außer Atem sind, dann 3 bis 4 Minuten warten, bis sich der Atem wieder beruhigt hat, und noch einmal laufen, bis Sie außer Atem sind. Durch diese Atemverknappung erzeugt der Organismus bisher noch nicht näher erforschte, lebensstimulierende Wirkstoffe, so genannte biogene Stimulatoren. Außerdem wird die Sauerstoffionisation verbessert, und die Zellen erhöhen ihre Sauerstoffaufnahmebereitschaft. Die tägliche Wiederholung dieses Phänomens bewirkt, dass die Zellen ihre Trägheit abbauen und auf volle Aktivität schalten.

Für jedes Alter und jede Situation gibt es geeignete Sportarten und Übungen. Ein fast vergessenes Sauerstofftraining ist übrigens auch das Singen.

Hier noch eine Übung für besseres Atmen:

Auf dem Rücken liegen und den Atem ruhig und gleichmäßig fließen lassen.
Beide Beine etwa 30 Zentimeter über den Boden heben und dort halten. Den Oberkörper im gleichen Winkel heben und die Hände über die Knie halten.
Mindestens eine Minute so bleiben, dabei den Atem weiter ruhig fließen lassen. Das Zwerchfell bleibt ganz locker, obwohl der Bauch angespannt ist.
Beine, Oberkörper und Hände wieder auf den Boden senken und mindestens eine Minute entspannt so liegen bleiben.

Wir unterscheiden die rein körperliche Atmung und die Zellatmung, die vom vegetativen Nervensystem gesteuert wird. Zu Letzterer gehört auch der Abtransport der Kohlensäure über das Blut, so wie zum Einatmen das Ausatmen gehört. Die Zellatmung kann nur bei einer weitgehenden Stabilität des pH-Wertes im Blut optimal ablaufen. Ist die Atmung gestört, verlaufen auch viele Körperfunktionen nur eingeschränkt.

Wir unterscheiden aber auch Luftholen und Atmen. Luftholen ist der rein körperliche Vorgang, Atmen ist ein geistiger Vorgang. Denn selbst wenn das wissenschaftlich nicht erwiesen ist, so atmen wir auch Energie. Sie können das sofort selbst erleben, indem Sie Ihre Aufmerksamkeit einmal darauf konzentrieren, Energie zu atmen. Sofort spüren Sie die veränderte Qualität Ihrer Atmung.

Hier eine chinesische Übung, die die Qualität Ihrer Atmung deutlich verbessert:

Die Laotse-Atmung oder der »zweite Wind«

Diese Übung besteht nur aus zwei Atemzügen. Wie jede Atemübung beginnt sie mit dem Ausatmen. Wenn Sie vollkommen ausgeatmet haben, atmen Sie einmal ganz tief ein und atmen mit fast geschlossenen Lippen in mindestens 30 kleinen Schüben stoßweise aus und danach wieder einmal ganz tief ein. Damit ist die Übung beendet; eine Wiederholung bringt nicht nur keinen weiteren Vorteil, sondern hebt die Wirkung wieder auf. Diese Übung kann frühestens nach einer Stunde wiederholt werden, besser erst nach zwei Stunden.

Anfangs wird Ihre Luft nicht für 30 kleine Schübe reichen, aber mit zunehmender Übung wird Ihr Atem immer tiefer, und Sie kommen sogar auf 40 oder gar 50 kleine Schübe. Sie können sich dabei vorstellen, wie kleine Kinder Eisenbahn spielen und dazu »Sch-sch-sch…« machen. Atmen Sie aber auf den Buchstaben »F« aus, also: »F-f-f-f…«.

Die Wirkung dieser Übung ist sofortige geistige Klarheit. Das ist besonders wichtig, wenn Sie vor einer Entscheidung stehen. Sehr oft werden Sie nach dieser Übung erkennen, dass es gar nichts zu entscheiden gibt, weil danach ganz klar ist, was getan werden muss. Diese Übung ist auch dann sehr hilfreich, wenn Sie in einer langen Besprechung unkonzentriert oder müde werden. Sie können diese Übung in Gegenwart von anderen ganz unauffällig durchführen, ohne dass es jemand bemerkt. Sie aber haben plötzlich den »zweiten Wind« und sind für ein bis zwei Stunden wieder voll da.

Die natürliche Vollatmung

Wer sich von Luft ernährt, leuchtet
wie ein Gott und lebt lange.
KONFUZIUS (551–479 v. Chr.)

Die einzelnen Schritte hören sich etwas ungewohnt an, sind aber tatsächlich ganz einfach:

Atmen Sie ein paar Mal nur in den linken Lungenflügel. Sie werden sehen, es geht ganz einfach.

Nach ein paar Atemzügen atmen Sie dann nur in den rechten Lungenflügel.

Nach ein paar weiteren Atemzügen atmen Sie in *beide* Lungenflügel gleichzeitig. Das hört sich zwar so an, als machten Sie das schon immer, und doch spüren Sie einen deutlichen Unterschied.

Nun atmen Sie einige Atemzüge senkrecht nach unten, so tief nach unten, wie Sie können, bis Sie das Gefühl haben, bis auf den Sitz zu atmen. Natürlich ist das anatomisch nicht möglich, energetisch aber schon, und Sie fühlen es auch.

Dann atmen Sie einige Atemzüge senkrecht nach oben, bis über den Kopf hinaus, und Sie spüren dabei scheinbar einen Lufthauch im Kopf.

Und nun atmen Sie senkrecht nach unten und nach oben gleichzeitig und in beide Richtungen, so weit Sie können. Also bis auf den Stuhlsitz und nach oben bis über den Kopf hinaus. Machen Sie sich dabei die besondere energetische Qualität Ihrer Atmung bewusst.

Atmen Sie dann einige Atemzüge nach vorn und hinten, so weit Sie können. Und dann nach beiden Seiten gleichzeitig, so weit es geht.

Und nun atmen Sie von der Mitte ausgehend nach *al-*

len Seiten gleichzeitig, so weit es geht. Atmen Sie dabei gefühlsmäßig weit über Ihren Körper hinaus in das gesamte Energiefeld, das Sie sind. Atmen Sie *als* dieses Energiefeld, und spüren Sie dabei bewusst die ungewöhnliche energetische Qualität Ihrer Atmung. Diese Art zu atmen verändert Ihr Bewusstsein, und wenn Sie wollen, sollten sie *immer* so atmen.

Diese natürliche Vollatmung bringt viele Vorteile für Ihren Körper, nicht nur die optimale Sauerstoffversorgung, sondern auch die Verbesserung der energetischen Qualität Ihrer Atmung. Vor allem aber entsäuert diese Atmung Ihren Körper optimal, und das bei *jedem* Atemzug.

Bei dieser natürlichen Vollatmung, in Verbindung mit gesunder Ernährung und genügend Bewegung, werden Sie außerdem noch wie von selbst abnehmen, in kurzer Zeit Ihr »Wohlfühlgewicht« erreichen und mühelos halten. Dazu gehört allerdings, dass Sie sich zum Essen Zeit lassen, gründlich kauen und Ihr Essen genießen. Je weniger Gewicht Sie mit sich herumtragen, desto mehr Energie haben Sie, um Ihr Leben aktiv zu gestalten und positiv zu verändern. Ganz nebenbei optimiert sich dadurch auch Ihre Verdauung, vor allem, wenn Sie täglich genügend trinken. Verlassen Sie sich nicht auf Ihren Durst, sondern trinken Sie, so oft Sie daran denken. Am besten immer eine Flasche Wasser in Sichtweite halten!

Wasser ist Leben

Wir sollten uns immer bemühen, Wasser einer hohen energetischen Qualität zu trinken. Wasser ist Leben, aber es gibt sehr große Unterschiede, und unsere Zellen brauchen Wasser höchster Qualität. Wasser bildet so genannte »Cluster«, die die energetische Information des Wassers enthalten. Dadurch wird Wasser zu einem Energie- und Informationsträger ersten Ranges, denn diese Energien und Informationen sind wichtiger als die sonstigen Inhaltsstoffe des Wassers. Die Energien und Informationen des Wassers, das wir trinken, sind mitverantwortlich für unseren Gesundheitszustand.

Wasser ist aber auch das ideale Transportmittel, das Nahrung und Sauerstoff durch unseren Körper bis zu den einzelnen Zellen transportiert. Auf dem Rückweg werden Stoffwechselschlacken und Kohlendioxid mit dem Wasser in Lymphe und Blut zu den Ausscheidungsorganen Nieren, Lunge und Haut transportiert, wo sie den Körper als Urin, Atemluft und Schweiß wieder verlassen.

Wasser ist auch das Kühlmittel unseres Körpers, denn bei erhöhter Körpertemperatur wird Wasser über die Haut verdunstet, wir schwitzen und geben dabei Wärme an die Umwelt ab. Und wenn dadurch der Wasserspiegel im Körper sinkt, bekommen wir Durst, als Signal des Körpers, den Wasservorrat aufzufüllen.

Wasser reagiert auch als elektrischer Dipol auf elektromagnetische Wellen. Es wird dabei in Schwingung versetzt und ändert dadurch seine eigene Struktur.

Wasser beeinflusst und verändert als Energie- und Informationsträger unseren gesamten Körper bis in die letzte Zelle. Wasser kann so zum Schadstoff oder zum Heilmittel werden. Durch die Aufbereitung des Trinkwassers werden zwar die meisten Schadstoffe entfernt, nicht aber deren gespeicherte, schädliche Information. Die gesundheitsschädlichen Schwingungen bleiben ein fester Bestandteil des Wassers.

Die drei Wirkfaktoren des Wassers

- die chemische Zusammensetzung
- die gespeicherte energetische Schwingung
- die darin enthaltene Information, die das Wasser an alles weitergibt, mit dem es in Berührung kommt

Alle drei Faktoren haben einen entscheidenden Einfluss auf das Säure-Basen-Gleichgewicht unseres Körpers. Die elektromagnetische Ladung des Wassers wird durch elektromagnetische Felder, wie sie Fernsehgeräte, Computer und Leuchtstoffröhren verbreiten, beeinflusst und verändert, aber auch durch Umweltgifte und belastete oder bestrahlte Nahrung. Krankheit und Alter gehen einher mit einer Schwäche des elektrischen Potenzials unserer Körperflüssigkeit, vor allem des in den Zellen enthaltenen Wassers. Diese besondere Eigenschaft des Wassers als Energieträger ist durch spektroskopische Untersuchungen wissenschaftlich abgesichert. Wasser könnte unser wichtigstes Heilmittel werden.

Wasser kann auch nicht durch andere Getränke ersetzt werden. Beachten Sie, dass Milch *kein* Getränk ist, sondern ein Nahrungsmittel. Wenn Sie Milch trinken, braucht Ihr Körper zusätzlich die gleiche Menge Wasser. Wer Limonade oder Cola trinkt, nimmt damit unnötig viele Kalorien auf, denn ein Liter Limonade enthält bis zu 105 Gramm Zucker. Ein Liter Vollmilch enthält 38 Gramm Fett – so viel Kalorien, wie Sie erst durch 3,5 Stunden Wandern verbrennen.

Im Alter verringert sich das Durstgefühl und kann ganz verloren gehen. Dadurch kann es zu einer Austrocknung der Zellflüssigkeit kommen. Der Wassergehalt der Zelle liegt normalerweise bei etwa 60 bis 70%. Sinkt er unter

50%, erlahmen die Lebensprozesse, oft unwiderruflich. Aber auch wenn es nicht so weit kommt, werden durch den zu geringen Wassergehalt der Zelle Giftstoffe nicht mehr ausreichend ausgeschieden, die Zelle altert vorzeitig und damit der ganze Körper.

Das alles zeigt, wie wichtig Wasser für das Funktionieren unseres Organismus ist, quantitativ und vor allem qualitativ. Unser Leben ist ohne Wasser gar nicht denkbar. Wenn dieses Wasser zunehmend durch Säuren belastet ist, *kann* der Körper letztlich nicht überleben. Vorzeitiges Altern, unnötige Krankheiten und zu früher Tod sind die Folge.

In unseren gemäßigten Klimazonen scheidet ein Erwachsener täglich durch Urin, Schweiß, Stuhl und Atmung etwa 2,4 Liter Wasser aus, das unbedingt ersetzt werden muss. Ein Teil wird mit der Nahrung aufgenommen, der größte Teil aber wird getrunken. Und hier ist entscheidend, *was* wir trinken, denn nur lebendiges Wasser hält den Körper gesund. Energetisiertes Wasser gibt diese Energie an den Körper weiter und überträgt zusätzlich seine heilende Schwingung auf die Körperflüssigkeit. Dadurch wird die Fließfähigkeit des Blutes verbessert und das Herz entlastet. Ein solches lebendiges Wasser ist ein wirkliches *Lebens*mittel.

Vergessen Sie das Trinken nicht

Wenn Sie ständig zu wenig trinken, und das ist besonders bei Älteren der Fall, dann wird Ihr Blut dick und zähflüssig. Dann aber kann es die feinen Kapillaren nicht mehr passieren, und ganze Bereiche des Körpers werden nicht mehr ausreichend mit Sauerstoff versorgt. Auch die Entsorgung der Schlacken kann nicht mehr optimal erfolgen, wodurch der Körper immer mehr verschlackt.

Beim Trinken aber ist besonders auf die Qualität des Getränks zu achten. Nehmen Sie möglichst nur ein besonders gutes Wasser, und bevorzugen Sie stilles Wasser, denn Kohlensäure ist natürlich auch eine Säure, die wieder entsorgt werden muss.

Fast alles, was wir trinken, ist sauer. So haben kohlensäurehaltige Getränke einen pH-Wert von 2, Orangensaft 2,2, alkoholische Getränke etwa 3,5 und »normales« Leitungswasser 4,5.

Das populärste Getränk der meisten Menschen ist der Kaffee, der leider sehr sauer macht, und für den ohnehin übersäuerten Menschen ist er einfach Gift. Da ist Tee schon besser, am besten natürlich der grüne Tee, den Sie – neben Wasser – zu Ihrem Grundgetränk machen sollten, besonders eine Sorte, die einen geringen Koffeinanteil hat.

6

Die Azidose – eine Volkskrankheit

In den übersäuerten Bereichen des Körpers kommt es oft schlagartig zu einem Zusammenbruch der Versorgung.

Die Schlagartigkeit des Geschehens ist auf die Azidosestarre der roten Blutkörperchen (Erythrozyten) zurückzuführen. Die Erythrozyten transportieren den lebensnotwendigen Sauerstoff in das Gewebe. Sie sind scheibenförmig, und obwohl sie einen Durchmesser von etwa 7,5 Mikrometer (μ) haben, können sie durch Kapillaren strömen, die lediglich einen Durchmesser von 3 bis 4 μ haben, ja, sie können sogar kurze Engpässe von 2 μ passieren. Das verdanken sie ihrer elastischen Struktur. Säurebelastungen lassen sie immer weniger elastisch werden, bis sie von einem Moment zum anderen völlig erstarren und dabei die Kapillaren selbst verstopfen. Der Vorgang ist zu vergleichen mit abkühlendem Wasser, das auch von einem Augenblick zum anderen zu Eis erstarrt und fest wird, also nicht mehr fließen kann.

Verlieren die erstarrenden Erythrozyten ihre Elastizität und damit ihre Fließfähigkeit, können sie auch Sauerstoff nicht mehr ausreichend aufnehmen, und es kommt zur »inneren Atemnot«. Infolge anaerober Gärung verstärkt sich die lokale Azidose, und auch die betroffenen Zellen werden strukturstarr, sodass sie ihren eigenen Stoffwechsel nur noch unzureichend durchführen können. Dadurch kommt es zu einer Übersäuerung auch innerhalb der Zelle und zu einer Schädigung der Zellkerne.

Es ist ein sich selbst steigernder Mechanismus. Die langsame Übersäuerung des Gewebes führt zu einer zunehmenden Erstarrung der Erythrozyten, die dadurch immer weniger Sauerstoff transportieren und Engpässe in den Kapillaren nicht mehr passieren können und sie verstopfen. Diese Verstopfung führt zu einer stärkeren Übersäuerung, die wiederum die Erythrozytenstarre verstärkt. Ein Teufelskreis, der leicht zu stoppen und umzukehren wäre, aber wenn er nicht erkannt wird, zum Schlaganfall oder Herzinfarkt führen kann. Die lebensnotwendigen Funktionen werden gerade dann und dort spärlicher, wo sie besonders reichlich sein müssten. Irgendwann ist die Unterversorgung so groß, dass es zum partiellen Gewebetod (Nekrose) kommt.

Der Ausdruck »Infarkt« (wörtlich »Verstopfung«) beschreibt genau das Geschehen. Ob dieser Vorgang umkehrbar ist, hängt ab von der Anzahl der betroffenen Kapillaren und der Dauer des Geschehens. Ist der Zelltod erfolgt, ist der Vorgang auch mit einem reichlichen Basenangebot nicht mehr umkehrbar. Aber wie bei der Erwärmung von Eis, wobei das Wasser seine Fließfähigkeit wieder erlangt, wird auch die Erythrozytenstarre bei einem ausreichenden Basenangebot wieder aufgehoben, sie beginnen zu fließen, transportieren wieder ausreichend Sauerstoff, und das Gewebe kann sich, wo es noch nicht dauerhaft geschädigt ist, wieder erholen. Die sonst tödliche Spirale wird umgekehrt, und es bleibt bei einem vorübergehenden Anfall.

Danach sollten in den geschädigten Bereichen in Hirn oder Herz die Stoffwechselvorgänge so gebessert werden, dass auch zukünftige Belastungsspitzen nicht mehr zu einer Entgleisung führen und sie ihre Funktion unter allen Umständen erfüllen können.

Machen wir uns bewusst: Die Verschiebung des Säure-Basen-Gleichgewichtes, wie sie heute schon fast normal ist, tötet nicht nur menschliche Zellen, sondern *jedes* Leben.

Nun ist es kein Zufall, dass der Flüssigkeitsanteil in unserem Körper so hoch ist. Unsere Zellen sind ja an einen bestimmten Ort gebunden, sie können weder Nahrung holen noch Abfall wegbringen. Diese Aufgaben besorgt die Körperflüssigkeit. Sie ist für die Zelle das, was für die Pflanzen der Humus ist. Von der Zusammensetzung der Körperflüssigkeit hängt das Überleben unserer Zellen ab, denn wenn diese Körperflüssigkeit belastet oder gar übersäuert ist, kann sie ihre Aufgabe nicht erfüllen. Je größer die Abweichung ist, desto schwer wiegender die darauf folgende Störung oder Krankheit.

Die Säureeinwirkung erzeugt in unserem Körper Schäden in drei Bereichen:

1. Entmineralisierung und damit das Brüchigwerden der Knochen und Gefäße, was zu Osteoporose, Herzinfarkt und Schlaganfall führt.
2. Ablagerung von Stoffen, die ausgeschieden werden müssten.
3. Verlust der natürlichen Immunität gegen Infektionskrankheiten.

Der erste Bereich:

Die häufigste Folge der Entmineralisierung durch Übersäuerung ist die Zahnkaries. Sie ist keine Krankheit, sondern nur eine Folge, ein unmittelbarer Säureschaden. Eine andere Folge mit weit schlimmeren Auswirkungen ist die Schädigung der Blutgefäße mit all ihren Folgen wie Herzinfarkt, Gehirnschlag, Hämorrhoiden, Krampfadern und offenen Beinen.

Noch eine gefährliche Folge ist die Osteoporose mit ihren Altersknochenbrüchen, Leistenbrüchen und Bandscheibenschäden. Das alles sind keine Krankheiten im eigentlichen Sinne, sondern nur Folgeschäden der Entmineralisierung durch Übersäuerung.

Der zweite Bereich:
Hierunter fallen alle Ablagerungskrankheiten wie Rheuma, Gicht, Arthritis, alle Steinablagerungen, aber auch die Überlastung der Nieren mit ihren Folgen, die Kreislaufstörungen, die Schädigung des Seh- und Hörvermögens, Star und Arteriosklerose mit den Endstadien Herzinfarkt und Schlaganfall.

Der dritte Bereich:
Hierhin gehören alle Infektionskrankheiten, beginnend mit der einfachen Erkältung bis hin zu tödlichen Infektionen. Auch dies sind oft keine Krankheiten an sich, sondern die leicht vermeidbaren Auswirkungen einer Übersäuerung des Körpers mit all ihren Folgeerscheinungen. Den Beweis kann jeder selbst erbringen, indem er seinen Körper gründlich entsäuert und im neutralen Bereich hält. Die positiven Ergebnisse sind gewaltig und von Dauer.

Jede Verschiebung des Säure-Basen-Gleichgewichtes, ob sie nun in Richtung Basen oder Säuren geht, ist eine sich ständig verstärkende Belastung unserer Gesundheit bis hin zu den genannten organischen Schäden. Unsere heutigen Ernährungsgewohnheiten und unsere moderne Lebensweise zerstören dieses Gleichgewicht und erfordern einen Ausgleich. Denn der Körper *muss* überschüssige Säuren durch die Bildung basischer Verbindungen neutralisieren. Das kann jedoch nur gelingen, wenn ihm ausreichend Basen zur Verfügung gestellt werden.

Wenn bei fortschreitender Säurebelastung die letzten Basenreserven verbraucht sind, versucht der Körper, die überschüssigen Säuren als Schlackendepot im Bindegewebe unterzubringen. Das führt jedoch dazu, dass der Körper aufschwemmt, weil er versucht, die Giftstoffe durch Zurückhalten von Flüssigkeit zu verdünnen. Das begünstigt wiederum eine weitere, sich immer mehr ausbreitende Folge der Azidose, die Pilzerkrankung durch *Candida albicans*, durch deren Stoffwechselgifte die Leber und das Gehirn geschädigt werden.

Offensichtlich werden *alle* Organe, Gewebe und Systeme des Organismus durch Übersäuerung beeinträchtigt und durch eine gezielte Entsäuerung, oft in einem erstaunlichen Maße, gebessert.

Die vegetative Azidose

Eine sehr weit verbreitete Folge der Übersäuerung des Körpers ist die »vegetative Azidose«, eine Krankheit, die kaum als solche erkannt wird. Sie zeigt sich in einem ständigen Gehetztsein, auch wenn dazu kein äußerer Anlass besteht. Der Körper reagiert dabei wie ein Automotor, bei dem der Leerlauf zu hoch eingestellt ist und der so, ohne eine Leistung zu erbringen, viel Energie verbraucht. Solche Menschen sind oft müde, nie richtig leistungsfähig, finden aber gleichzeitig keine Ruhe und können nur schwer einschlafen. Dazu kommen häufig noch ständige leichte Kopfschmerzen und eine hohe Stressanfälligkeit. Die meisten Herzinfarkte der Manager kommen nicht durch Stress, sondern durch die Übersäuerung des Körpers. Menschen und Wälder sterben an der Übersäuerung.

Bekommt der Körper zu viel Eiweiß, wird er durch die Stoffwechselprodukte überlastet, weil er Harnstoff und Harnsäure nur sehr begrenzt ausscheiden kann. Dabei ist es ganz gleich, ob es sich um tierisches oder pflanzliches Eiweiß handelt, bei der Verwertung entsteht Harnsäure. Den Überschuss an Harnsäure muss er irgendwo im Körper »einlagern«, mit all den negativen Folgen, wie z. B. Steinbildung in Niere, Blase, Galle usw. Die Zahl der Menschen, die eine Steinsammlung in ihrem Körper haben, ist viel größer, als allgemein angenommen wird. Zusätzlich wird auch die Leber bei diesen Prozessen ständig überfordert und in der Erfüllung ihrer vielfältigen Aufgaben behindert.

Besonders bei Fastenkuren ist auf eine sorgfältige Entsäuerung zu achten, weil durch das Abnehmen viel Säure frei wird. Wenn diese nicht neutralisiert werden kann, weil zu wenig Basen zur Verfügung stehen, kommt es zu einer Selbstvergiftung des Körpers. Und noch ein Hinweis: Kinder verweigern oft nur deshalb das Essen, weil der Körper schon übersäuert ist.

Rauchen, bei der Entsäuerung ein großes Problem

Die Statistik spricht eine deutliche Sprache, ein Raucher hat eine um acht Jahre verkürzte Lebenserwartung, von den vielfältigen gesundheitlichen Belastungen gar nicht zu reden. Es ist ja nicht nur wichtig, wie lange man lebt, sondern noch wichtiger, wie gesund man dabei ist, wie wohl man sich fühlt und ob man das Leben auch wirklich genießen kann. Raucher zahlen gesundheitlich einen hohen Preis. Rauchen erschwert deutlich die Sauerstoffversorgung des Körpers, weil das im Tabakrauch enthaltene

Kohlenmonoxid die Eigenschaft hat, rote Blutkörperchen regelrecht zu blockieren. Es erhöht den Blutdruck, verschlechtert die Fließfähigkeit des Blutes, hemmt die Bildung von Basen im Magen und fördert die Osteoporose. Es mindert allgemein die natürliche Ausscheidung von Säure durch die Lunge und verstärkt die Säurebelastung des Körpers dramatisch. Viele Krebsleiden sind nachweislich durch das Rauchen bedingt. Gründe genug, um schleunigst damit aufzuhören, wenn Sie es ernst meinen mit der Entsäuerung Ihres Körpers.

Zusammenfassung: Warum die Übersäuerung des Körpers so gefährlich ist

1. Durch die Azidosestarre der roten Blutkörperchen können die feinen Kapillaren nicht mehr passiert werden, und das betroffene Gewebe wird nicht mehr versorgt, was zu Herzinfarkt und Schlaganfall führen kann.
2. Die Zellen sind auf eine neutrale Körperflüssigkeit angewiesen, denn sie können weder Nahrung holen noch Abfall wegbringen.
3. Die der Übersäuerung folgende Entmineralisierung des Körpers führt zum Brüchigwerden der Knochen und Gefäße.
4. Die Ablagerung von Giften im Bindegewebe lässt viele »Sondermülldeponien« entstehen, die den Körper belasten.
5. Durch die Übersäuerung verlieren wir unsere natürliche Immunität gegen Infektionskrankheiten.
6. Die zurückgehaltenen Giftstoffe fördern eine Pilzerkrankung durch *Candida albicans*, durch deren Stoffwechselgifte die Leber und das Gehirn geschädigt werden.

7. Durch die Übersäuerung entsteht auch eine »vegetative Azidose« mit der Folge schneller Ermüdung und sinkender Leistung.
8. Bei Fastenkuren werden die im Gewebe eingelagerten Gifte plötzlich frei, was zu einer Selbstvergiftung des Körpers mit manchmal tödlichen Folgen führt.

Wie schnell zeigt sich der Erfolg?

Selten werden Sie bei einer Maßnahme schneller eine Wirkung spüren als bei Entsäuerung, gesunder Ernährung und ausreichender Bewegung. Schon nach zwei Stunden ist der Erfolg messbar – der pH-Wert im Urin ist im normalen Bereich, auch wenn er anfangs dort nicht lange bleibt, es sei denn, Sie helfen Ihrem Körper regelmäßig. Schon nach wenigen Tagen schlafen Sie besser, wenngleich Sie deutlich weniger Schlaf brauchen als vorher, weil die Säurebelastung weggefallen ist. Wenn Sie es sich zur Gewohnheit machen, *jeden* Morgen vor dem Frühstück eine halbe Stunde Power-Walking zu machen, spüren Sie die wohltuende Wirkung schon beim ersten Mal. Ihre seelische Spannkraft wächst zunehmend, Ihr Allgemeinbefinden bessert sich, Kreislaufstörungen und Kopfdruck verschwinden, Ihr Immunsystem wird gestärkt, Karies verhindert, jede Heilung deutlich beschleunigt usw.

Am besten fangen Sie gleich jetzt an – und genießen Sie Ihr neues Leben!

Was ist Krankheit?

Schon Buddha sagte:
»Die Krankheit ist die Heilung der Krankheit!«

Krank sein heißt, nicht mehr im »Ein-Klang« zu sein mit sich selbst und dem Leben; es ist also eine Form der Disharmonie. Das betrifft die geistige Ebene ebenso wie die seelische und die körperliche Ebene. Krankheit äußert sich auf vielen Ebenen: im Beruf ebenso wie in der Partnerschaft, auf der wirtschaftlichen Ebene ebenso wie in der spirituellen Entwicklung. Krank sein betrifft den ganzen Menschen.

Auf der körperlichen Ebene beginnt Krankheit oft mit Übersäuerung und der damit verbundenen Verschlackung sowie Erschöpfung der lebenswichtigen körpereigenen Mineralstoffdepots.

Die Säurebelastung ist dem Menschen ins Gesicht geschrieben. Sie ist zu erkennen an: Augensäcken, Altersflecken, Durchblutungsstörungen, Haarausfall, fahler, faltiger Haut, Ödemen, blutendem Zahnfleisch und lockeren Zähnen.

Die eigentliche Krankheit ist nur das letzte Glied einer langen Kette von Unwissenheit, falschem Bewusstsein und daraus resultierendem falschem Verhalten. Das sichtbar und spürbar gewordene Symptom ist nur das Endergebnis. Leider befasst sich die Medizin nur mit diesem letzten Glied, das ja der Ausdruck der Bemühungen des Körpers ist, die eigentliche Krankheit zu überwinden.

Am Anfang steht eine Ursache. Die Ursache liegt immer im Bewusstsein und wird als Verhalten sichtbar. Das Verhalten führt zu Unstimmigkeiten im Körper, und wenn

Die drei großen Krankheitsbereiche mit ihren vielfältigen Folgeerscheinungen

Mineralstoffmangelkrankheiten:
Arteriosklerose, Bandscheibenprobleme, Falten, Haarausfall, Karies, Krampfadern, Leistenbruch, Osteoporose, Parodontose

Ausscheidungskrankheiten:
Akne, Allergien, eitrige Mandeln, Ekzeme, Furunkel, Fußschweiß, Neurodermitis, offenes Bein, Schuppenflechte, Zahnplaque

Ablagerungserkrankungen:
Altersflecken, Arteriosklerose, Arthrose, Blasensteine, Gallensteine, Gicht, Nierensteine, Rheuma, Schlaganfall, Zahnstein

diese nicht erkannt und beseitigt werden, zu einer »Notlage«. Erst wenn auch diese nicht erkannt und beseitigt wird, tritt das Symptom in Erscheinung. Die Notlage entsteht oft aus einem Überfluss vom Falschen, z. B. von Kalorien, und einem Mangel am Notwendigen, an Vitaminen, Mineralstoffen und Spurenelementen. Auf der seelisch-geistigen Ebene besteht die Ursache meist in einem ungelösten Konflikt, einem unerfüllten Verlangen, einer Frustration oder einer geistigen Fehlentwicklung.

All diese Disharmonien schaffen die Voraussetzung für eine infektiöse Notlage des Körpers, in der Viren, Bakterien, Pilze und Parasiten die Oberhand gewinnen können. Verschärft wird die Notlage noch durch energetische Belastungen wie Elektrosmog, Computer, Handy, Mikrowelle usw.

Das alles verstärkt wiederum die nahrungsbedingte Übersäuerung des Körpers und die dadurch bedingte Entleerung der so wichtigen körpereigenen Mineralstoffdepots zur Neutralisierung der Säuren. Beim Mann wird das zuerst sichtbar durch beginnenden Haarausfall, denn der Haarboden ist das am leichtesten verfügbare Mineralstoffdepot und wird daher zuerst genutzt.

Bei der Frau spielt der Haarausfall in der fruchtbaren Zeit meist keine Rolle, ausgenommen bei unnatürlichen Belastungen wie Chemotherapie, weil sie ihre ausscheidungspflichtigen Säuren bis zur Monatsregel im Körper »parkt«. Zunächst geschieht dies im Blut, in der Lymphe und in der Plazenta. Erst wenn diese voll sind, erfolgt die Ablagerung in den Oberschenkeln, den Oberarmen und der Hüfte und wird sichtbar als Zellulitis.

Wie wir bereits wissen, sind Schlacken Säuren, die der Körper durch die Verbindung mit einem Mineral neutralisiert hat, wodurch ein saures Salz entsteht. Dieses chemisch saure Salz muss im Körper deponiert werden und wird damit zur Schlacke. Die Säuren ihrerseits entstehen durch die überwiegend saure Nahrung, aber auch durch Gärung im Dünndarm, wenn denaturierte Kohlehydrate in Verbindung mit Zucker Alkohol entwickeln, wobei zusätzlich belastende Gase entstehen. Bleibt der Darminhalt später zu lange im Dickdarm, kommt es dort zu Fäulnis und der bekannten Verstopfung.

Die eigentliche Krankheit ist die Unwissenheit und das daraus resultierende falsche Verhalten, und nur hier kann wahre Heilung ansetzen. Sind Bewusstsein und Verhalten geheilt, kommt es gar nicht erst zu einer Notlage im Körper und damit auch zu keinem Symptom.

Eitrige Mandeln, Ekzeme oder ein offenes Bein sind also gar keine Krankheiten, sondern sinnvolle und notwendige

Selbsthilfemaßnahmen des Körpers zur Überwindung der bestehenden Notlage. Diese Selbsthilfemaßnahmen können Sie wirkungsvoll unterstützen, indem Sie regelmäßig morgens eine »*Ölziehkur*«* machen. Die ganze Kur dauert nur 20 Minuten täglich. Sie entlastet und mobilisiert Ihr Immunsystem und ist ein wichtiger Schritt auf dem Weg zur wirklichen Heilung.

Allgemeine Symptome bei säurebedingten Krankheiten

- Energiemangel und ständige Müdigkeit
- Antriebsschwäche und verminderte Leistungsfähigkeit
- schwere Glieder oder Muskelschmerzen
- plötzliche Müdigkeit nach dem Essen
- Kälteempfindlichkeit und ein unangenehmes Kältegefühl im Körperinneren
- deutlicher Gewichtsverlust oder Gewichtszunahme
- geschwächte Widerstandskraft
- erhöhte Infektionsanfälligkeit
- häufige Erkältungskrankheiten
- geschwächte Regenerationsfähigkeit
- Wundheilung verzögert
- extrem lange Erholungsphasen
- Durchblutungsstörungen
- ständig kalte Hände und Füße

* Siehe Bezugsquellen im Anhang.

Was ist Heilung?

Heilung ist die Herstellung vollkommenen Wohlbefindens und wirklicher Gesundheit auf allen Ebenen. Wirkliche Gesundheit ist mehr als das Nichtvorhandensein von Krankheit, sie ist das Vorhandensein von Lebendigkeit, Vitalität und Lebensfreude. Sehr oft ist es hierfür notwendig, einen Mangel, eine Unterversorgung oder auch eine Überversorgung mit deren jeweiligen Folgen zu beseitigen. Heilung besteht darin, die Heilungsabsicht des Symptoms, die »Botschaft des Körpers«, zu verstehen und zu unterstützen, denn das Symptom *ist* bereits der Heilungsversuch des Körpers.

Jede Krankheit will immer etwas »heil« machen, indem sie den Körper durch Reinigungsmaßnahmen von Giften befreit oder einen so großen Leidensdruck erzeugt, dass selbst wir einen Ausweg aus der derzeitigen Situation suchen *müssen*. Doch ganz gleich, welcher Weg gewählt wird, das Ziel besteht immer darin, den Menschen zu sich selbst zu führen. Wie tief wir dabei das Leid erfahren müssen, hängt nur von dem Grad unserer Einsicht ab, Einsicht in die Folgen von negativem Denken, unzureichender Bewegung, flachem Atem, falscher Ernährung usw. Der Körper ist ein sich selbst reinigender und erhaltender Organismus, der sich selbst heilen kann, wenn wir ihn dabei nicht stören. Nur 3% der Menschen sterben an Altersschwäche, die restlichen 97% sterben an falscher Lebensweise und sehr oft am Selbstmord durch Messer und Gabel.

In meiner Naturheilpraxis musste ich bald erkennen, dass jede Therapie, die nur die äußeren Symptome behandelt, die Menschen noch kranker statt gesünder macht. Bald bricht die unterdrückte Krankheit wieder hervor, meist schwerer, oder sie wird von einer noch schwereren abgelöst. Dabei gehen die Lebensfreude, der Glaube an den Sinn des Lebens und der Reichtum der Seele verloren. Was übrig bleibt, ist ein trauriger Rest dessen, was einmal hätte sein können. Heilung, ganz gleich, in welcher Form sie erfolgt, ist immer Selbstheilung. *Der beste Therapeut, das teuerste Medikament kann immer nur die Selbstheilungskräfte aktivieren.*

Die Behandlung sollte ganzheitlich sein, das heißt die Einheit von Körper, Seele und Geist erfassen, und sollte sich nie *gegen* eine Krankheit richten, sondern auf die Heilung. Die Behandlung kann auf viele Arten eingeleitet werden: durch ein Gespräch über die Ursache und Bedeutung der Krankheit, wobei wir nicht Ursache und Auslöser verwechseln sollten; durch Medikamente, wenn sie auf biologischem Weg die natürlichen Selbstheilungskräfte des Menschen unterstützen; oder durch eine wirksame Entsäuerung und Entgiftung des Körpers, mit anschließender Remineralisierung, um die entleerten Mineralstoffdepots des Körpers wieder aufzufüllen.

Es gibt viele Wege zur Heilung, und der Körper sucht immer den besten verbliebenen Weg. Er ist dankbar, wenn man ihm den allerbesten Weg, den Weg der Ein-Sicht, öffnet. Dann kann die Heilung über die Bewusstwerdung und Erkenntnis erfolgen, und der Körper braucht die Krankheit nicht mehr, um den Menschen über ein bestimmtes Symptom zu zwingen, sich mit seiner Lebensproblematik auseinander zu setzen.

Mit jeder Symptombehandlung aber belügen wir uns weiter. Kein Wunder, dass immer mehr Menschen ständig krank sind. Nach einer neueren Meinungsumfrage halten sich nur 6% der Deutschen für gesund. Wenn wir einmal davon ausgehen, dass mindestens die Hälfte davon die Botschaft über vorhandene Störungen nur noch nicht wahrnimmt, dann sind es nur 3%, die wirklich gesund sind. Ein erschreckendes Ergebnis und dabei völlig unnötig. Wir aber versuchen immer hartnäckiger, die Information über unser falsches Verhalten zu beseitigen, um danach genauso falsch weiterzumachen, und beklagen uns, wenn immer neue Krankheiten uns zwingen wollen, endlich das Richtige zu tun. *Krankheit ist oft Ausdruck einer unehrlichen Lebenssituation und das Festhaltenwollen an einer Lebenslüge.* Durch Leidensdruck möchte sie den Kranken veranlassen, ehrlicher zu werden.

Krankheit ist aber nicht immer nur ein Zeichen von Disharmonie. Sie kann auch ein Freund sein, der mir hilft, den nächsten Schritt in meiner Entwicklung zu tun. *Krankheit kann also auch Anlass sein, einen Schritt in die Zukunft zu tun* und eine neue Entwicklung zu beginnen, die ohne diesen Anlass nicht stattgefunden hätte.

Der Weg zur Heilung ist im Wesentlichen immer der Gleiche. Er besteht darin, das ursprüngliche Fehlverhalten zu erkennen und zu ändern. Wir müssen die zu Grunde liegende Unkenntnis oder Gleichgültigkeit durch Information und Einsicht aufheben und damit eine Notlage des Körpers vermeiden, sodass ein Symptom gar nicht erst in Erscheinung treten kann. Irrtum und Fehlhaltung führen zu einem Abweichen vom Weg und einer Disharmonie, die letztlich über das Symptom sichtbar und »spürbar« gemacht wird, sodass wir uns damit befassen *müssen*. Sobald der Irrtum beseitigt, die Fehlhaltung aufgelöst ist, braucht der Mensch die Krankheit nicht mehr, und sie verschwindet von selbst, so wie sie gekommen ist.

Alle Bewusstseinsinhalte haben ihre Entsprechung im Körper und umgekehrt, und letztlich ist alles Körperliche ein Symptom. Was wir spüren, ist nicht die Krankheit, sondern dieses Symptom, die Konsequenz eines bestimmten

Verhaltens. Wenn jedes Symptom aber eine Botschaft ist, so kann es nicht sinnvoll sein, die Botschaft zu unterdrücken, ohne sie verstanden und befolgt zu haben. Die Botschaft im Symptom zu verstehen und zu befolgen ist der eigentliche Schlüssel zur Heilung des Menschen. Der Körper kann ohne Bewusstsein nicht leben, aber er würde ohne Bewusstsein auch nicht krank werden. Das Bewusstsein projiziert seinen Zustand auf den Körper, um ihn so sichtbar und fühlbar zu machen. Der Körper ist der sichtbare Ausdruck des Bewusstseins.

Wir müssen uns doch fragen, warum trotz der Errungenschaften der modernen Medizin mit ihren hochgepriesenen diagnostischen und therapeutischen Möglichkeiten die Kranken nicht weniger, die Therapien nicht einfacher und die Heilungskosten immer höher werden, ohne letztlich Heilung zu erreichen? Wir müssen uns mit dem tieferen Sinn der Krankheit auseinander setzen und erkennen, dass der Krankheitsverlauf getreulich die Lernschritte im Bewusstsein aufzeigt, während die Heilung anzeigt, dass der geistige Lernprozess beendet ist.

Aus diesem Zusammenhang erkennen wir, dass Schicksalsschläge nicht plötzlich über den Menschen hereinbrechen, sondern erst dann, wenn er die kleineren Warnungen seines Körpers nicht beachtet. Könnte der Mensch nicht mehr erkranken, wäre dies allerdings die denkbar schwerste Krankheit, weil er dann ohne Information über sein falsches Tun bliebe und keine Chance hätte, eine Änderung herbeizuführen!

Die Heilung einer Krankheit kann daher nicht erfolgen, indem man das Symptom beseitigt, so wünschenswert das für den Betroffenen auch sein mag, sondern immer nur durch eine Beseitigung der verursachenden Fehlhaltung.

Heilung ist Ausgleich

Unterversorgung	→ vorübergehende Überversorgung
Überversorgung	→ vorübergehende Unterversorgung (Fasten)
Vergiftung	→ Entgiftung
Übersäuerung	→ Entsäuerung
Entmineralisierung	→ Remineralisierung
Verschlackung	→ Entschlackung
Infektion	→ Desinfektion
Notlage	→ Wohlgefühl + Harmonie

Jede Heilung ist letztlich eine geistige Heilung. Es gibt kein Medikament gegen Ärger, Zorn, Neid usw.; hier hilft nur eine Wandlung im Bewusstsein. Heilung bedeutet also, das verkehrte Bewusstsein wieder auszurichten auf die *eine* Kraft und die Einheit allen Seins.

Dieses »verkehrte« Bewusstsein entsteht vor allem aus Unwissenheit, einem Mangel an Information oder durch Fehlinformation. Das aber zeigt nur, dass wir nicht gesucht haben, denn das Gesetz lautet: »Wer suchet, der findet.« Der erste Schritt, die Unwissenheit zu beenden, ist es, zu suchen. Am weitesten verbreitet aber ist die falsche Sicht der Dinge. Wir schauen auf Bakterien, Symptome, Schmerzen und hoffen auf Medikamente, Behandlungen oder Operationen.

Viele Menschen fragen sich, wie ein Gott der Liebe das Leid überhaupt zulassen kann. *Sie übersehen dabei, dass Leid weder gottgewollt noch gottgefällig ist,* sondern nur ein liebevoller Hinweis des Lebens auf eine ungelöste Aufgabe. So ist alles Un-Heil nur ein äußerer Spiegel für nicht »stimmiges« Leben und zeigt, dass ich nicht so lebe, wie ich »gemeint« bin. Jede Krankheit ist eine Chance und keine Verurteilung. Ergreife ich die Chance nicht, weil ich sie vielleicht gar nicht erkenne, zwinge ich das Schicksal nur, eine Wiederholung in entsprechend deutlicherer Form vorzunehmen.

Doch viele Menschen wollen gar nicht gesund werden, sie wollen nur *keine Beschwerden mehr haben*! Krankheit ist ein physischer Ausdruck einer geistig-seelischen Disharmonie, und die ist weder durch Pillen noch durch Spritzen oder Operationen zu beseitigen, sondern nur durch eine Änderung unseres Denkens und Verhaltens.

Es ist ganz einfach, etwas für seine Gesundheit zu tun, und von Zeit zu Zeit stolpern die Menschen über diese Wahrheit, aber meistens rappeln sie sich auf und eilen weiter, als wäre nichts geschehen. Es wäre schön, wenn wir uns dazu bewegen könnten, innezuhalten und uns bewusst zu machen, was hier geschehen kann. Tun wir es nicht, zwingen wir das Leben, uns andere Lebenslehrer zu schicken. Ihre Namen sind: Ärger, Angst, Stress, Fehler, Schuldgefühle, Abhängigkeit, Schmerz, Krankheit, Übergewicht, Schicksalsschlag, Krise oder Tod, um nur die Wichtigsten zu nennen. Hat man sie einmal eingeladen, wird man sie nur schwer wieder los.

Der erste Schritt, um sie wieder loszuwerden, ist zu erkennen, dass es Lebenslehrer sind, und ihre Botschaft zu verstehen und zu befolgen. So sagt die Depression: »Hier sind all die unerledigten Dinge, um die du dich bisher gedrückt hast. Mach dich endlich daran!« Und das Übergewicht sagt: »Hier ist die Energie gespeichert, die du brauchen wirst, um das alles zu erledigen.« Haben wir die Botschaft erkannt und befolgen sie, wird der Lebenslehrer überflüssig und verschwindet wieder, weil wir die Lektion gelernt haben, wegen der er gekommen ist.

Oder nehmen wir das Beispiel »Fehler«. Der Fehler zeigt uns, dass etwas in unserem Leben fehlt, und fordert uns auf, das Fehlende in unser Leben aufzunehmen. Dazu sollten wir die Botschaft des Fehlers verstehen und uns fragen, was uns der Fehler sagen will, was wir daraus lernen können, und nicht, wer schuld daran ist. Wenn wir nicht mindestens zehn Fehler am Tag machen, liegt es sehr wahrscheinlich nur daran, dass wir die Fehler nicht gemerkt und die Chance darin nicht erkannt und genutzt haben. Dann wird die Lektion vom Leben geduldig wiederholt, bis wir erkannt haben, um was es geht, und unsere Aufgaben gemacht haben, das heißt, die Konsequenzen gezogen haben und wieder »richtig« leben.

Ein Fehler wäre es natürlich auch zu versuchen, bei der Heilung den alten Zustand wiederherzustellen, denn der war es ja gerade, der die Krankheit notwendig gemacht hat. Eine wirkliche Heilung führt über die Ein-Sicht zu einer Erweiterung des Bewusstseins und zur Einheit mit dem wahren Selbst.

Haben wir gelernt, jede Lebenssituation und ganz besonders jedes Symptom zu hinterfragen, eröffnet sich ein ganz neuer Weg. Sobald wir die »Sprache der Symptome« und die Botschaft des Körpers verstehen, erkennen wir, dass jede Botschaft nur dazu dient, uns auf unserem individuellen Weg ein Stück weiterzubringen. Schön, wenn wir die Botschaft gleich auf der ersten Ebene verstehen, der Ebene des Irrtums und des daraus resultierenden Fehlverhaltens. Dann kommt es gar nicht erst zu einer Notlage im Körper und zu einem Krankheitssymptom.

> Heilen ist im Grunde ein Er-innern an die innewohnende Harmonie, um wieder zu leben, wie wir von der Schöpfung »gemeint« sind.

Geschieht das alles nicht, erfolgt letztlich eine Heilung durch den Tod. Es ist eine Transformation, der sich keiner entziehen kann. Ergreift der Mensch immer wieder nur halbe Maßnahmen, die keine gründliche Veränderung herbeiführen können, bleibt irgendwann kein Platz mehr für Kompromisse, und der Tod führt diese gründliche Veränderung zuverlässig herbei.

Heilungskrisen bei der Entsäuerung

Während der Heilung kann es immer wieder einmal zu Heilungskrisen kommen. Ein Grund dafür kann sein, dass die eingenommene Menge an Mineralstoffen zu klein war, um die vorhandenen Säuren zu neutralisieren. Nehmen Sie daher nie nur eine Messerspitze Basenmischung, weil Sie damit die erste Krise zuverlässig verursachen, sondern in der Regel einen schwach gehäuften Teelöffel voll, es sei denn, der Hersteller gibt ein anderes Maß an.

Normalerweise aber kommt es bei einer Entsäuerung zunächst zu einem beachtlichen Anfangserfolg. Man spürt deutlich die wohltuende Wirkung und weiß, dass man auf dem richtigen Weg ist. Die frei zirkulierenden Säuren sind neutralisiert und ausgeschieden, und man fühlt sich so richtig wohl in seinem Körper. Nach dem Gesetz der Osmose werden nun aber bisher deponierte Schlacken gelöst und füllen diesen freien Raum. Man erlebt das als Rückschlag, alte Schmerzen flackern wieder auf, und es kommt der Verdacht auf, man habe etwas falsch gemacht oder der Weg sei doch nicht der Richtige. Dabei ist alles völlig in Ordnung: Setzt man die Entsäuerung fort, kommt sehr schnell das bekannte Wohlgefühl wieder auf, weil wieder die frei zirkulierenden Säuren neutralisiert und ausgeschieden werden. Aber natürlich wirkt bald wieder das Gesetz der Osmose, es werden weitere Sondermülldepots aufgelöst, und man fühlt sich wieder schlechter. Das kann ein bis zwei Jahre so gehen, allerdings in immer größeren Abständen und mit einer von Mal zu Mal schwächeren Beeinträchtigung des Wohlgefühls. Irgendwann aber sind alle Depots geleert, und es kommt zu keiner weiteren Heilungskrise; die Heilung ist endgültig.

Machen Sie sich bewusst, dass Sie *jetzt* beginnen können, sich ein gesünderes und vitaleres Leben zu schaffen. Der Schlüssel zur Lebensfreude ist nicht Jugend, denn Jugend ist ja auch ein Mangel an Erfahrung, auf die wohl kaum jemand wirklich verzichten möchte. Der wahre Schlüssel sind Harmonie und Vitalität, und die sind an kein bestimmtes Alter gebunden. Sie können aufgebaut, gepflegt und gesteigert werden.

> Schon der altgriechische Philosoph Demokrit (460–370 v. Chr.) erkannte: »Da flehen die Menschen die Götter um Gesundheit an – und erkennen nicht, dass sie selbst die Macht darüber besitzen.«

Wirkliche Heilung ist immer ein Ganzwerdungsprozess, das heißt, immer heiler und damit immer mehr ich selbst zu werden, immer mehr eins zu werden mit mir, meinen Mitmenschen und letztlich mit allen und allem. Wenn wir diesen natürlichen Evolutionsprozess behindern, wird Krankheit »not-wendig«. Wenn wir uns durch Vorstellungen, Verhaltensmuster oder Ideale begrenzen und so unbewusst oder bewusst etwas nicht leben, das uns entspricht, kann Lebensenergie nicht ungehindert fließen. Diese Disharmonie tritt als Krankheit in Erscheinung, und eine Therapie wird erforderlich.

Das Wort »Therapie« kommt vom altgriechischen Wort »therapeuein«, das heißt: »die Arbeit der Götter tun«, was deutlich macht, dass wahre Heilung mit *re-ligio,* mit Rückbesinnung auf den Urgrund des Seins zu tun hat, mit dem Erwecken des wahren Menschen und der Erinnerung an unsere wahre Natur.

Vollkommene Gesundheit gehört zur wahren Natur des Menschen, und regelmäßige Entsäuerung und Remineralisierung sind wichtige und unverzichtbare Schritte auf diesem Weg. Sie können diese notwendige Reinigung wirksam unterstützen, indem Sie im Frühjahr und im Herbst eine Trinkkur mit *Immuvit Ch 23* machen (siehe Bezugsquellen). Es ist rein pflanzlich und vollkommen natürlich; es regeneriert Ihren Körper ohne unerwünschte Nebenwirkungen und schenkt Ihnen ein Gefühl des Wohlbefindens und der Verjüngung.

Uns auf unsere wahre Natur zu besinnen und aus dieser Natur heraus zu leben führt zu Selbstidentifikation und damit zur Auflösung von Problemen, Krankheit, Mangel und Leid. Nur dadurch können wir als neue Menschen in ein neues Leben treten.

7

Das Abc der säurebedingten Krankheiten

Abwehrschwäche

Das körpereigene Immunsystem wehrt ein Leben lang eine Flut von Krankheitserregern ab, ohne dass wir etwas davon merken, vorausgesetzt, unser Immunsystem ist voll aktiv. Dann setzt der Körper eine ganze Reihe von aufeinander abgestimmten Abwehrmaßnahmen ein, um jeden Virus, jede Bakterie zu eliminieren, die sich sonst im Körper ungehemmt vermehren würden. Das geschieht lange bevor sich auch nur Störungen im Wohlbefinden zeigen. Wird das Immunsystem jedoch durch unnatürliche Lebensgewohnheiten und falsche Ernährung in seiner Aktivität behindert, kann es seine Aufgabe nicht mehr optimal erfüllen. Zu diesen Behinderungen gehört vor allem eine häufige oder gar ständige Säurebelastung. Eine solche Belastung führt dazu, dass der Körper mit ständiger Müdigkeit, eingeschränkter Leistungsfähigkeit, Kopfschmerzen oder Verdauungsbeschwerden reagiert, um zu signalisieren, dass er Hilfe braucht. Alle Funktionskreise unseres Körpers sind miteinander verbunden und voneinander abhängig, und das Säure-Basen-Gleichgewicht ist eine wichtige, vielleicht sogar die wichtigste Voraussetzung für ein optimal funktionierendes Immunsystem, das Ihren Körper gesund und vital erhält.

▶ Siehe auch ***Allergien***.

Aids

Bei allen Aidskranken werden erhöhte Säurewerte im Blut und im Gewebe gefunden. Zeigt sich eine Säurebelastung aber bereits im Blut, signalisiert das, dass der Körper seine Reserven verbraucht hat und über keine Möglichkeit mehr verfügt, die Säurebelastung des Blutes zu verhindern. Hier ist es dringend geraten, zunächst einmal das Säure-Basen-Gleichgewicht herzustellen, damit andere Maßnahmen überhaupt greifen können. Denn Aids ist eine Immunschwäche, und die Entsäuerung des Körpers stärkt unmittelbar das Immunsystem.

Allergien

Bei unserer heutigen Lebensweise wehrt sich der Körper mit zunehmenden Abwehrreaktionen gegen immer neue Allergene. Allzu oft wird dabei übersehen, dass auch die Übersäuerung des Körpers ein wichtiger Faktor beim Entstehen von Allergien ist. Bei allen Allergien kommt es zur Ausschüttung des Gewebehormons *Histamin,* die grundsätzlich auch erfolgt, um im Körper Säuren zu bekämpfen. So ist es unverzichtbar, bei allen Allergien zunächst einmal den Säurestatus festzustellen und dort gegebenenfalls Abhilfe zu schaffen, bevor andere Maßnahmen überhaupt wirksam greifen können.

Histamin veranlasst die Belegzellen des Magens zur Kochsalzspaltung und damit zur Produktion von Natriumbikarbonat. Histamin beeinflusst auch die Muskulatur der Bronchien und des Darms; dadurch kann es zu Krämpfen, Atemnot und Durchfällen kommen. Es bewirkt eine Erweiterung bestimmter Blutgefäße und eine Einlagerung von Flüssigkeit im Bindegewebe. Wird es in hohen Dosen freigesetzt, kann es zum lebensgefährlichen anaphylaktischen Schock kommen. Aber auch wenn die Folge nur ein allergischer Schnupfen ist, zeigt das, dass der Organismus in seiner Funktion gestört ist. Zur Heilung ist es erforderlich, dem Körper mit einer Harmonisierung des Säure-Basen-Gleichgewichts und einer damit verbundenen Stärkung des Immunsystems eine effektive und sofort wirkende Hilfe anzubieten.

▶ Siehe auch ***Asthma, Ekzeme, Heuschnupfen.***

Das Altern

Der russische Wissenschaftler Prof. Metschnikoff stellte als Hauptursache des Alterns die Abnutzung des Bindegewebes durch Übersäuerung und Anreicherung mit Schlacken fest, wobei auch zunehmend die Zellen der Organe verschlacken und gleichzeitig die wertvollen Mineralstoffdepots aufgebraucht werden. Dadurch werden die Drüsen und Organe zunehmend funktionsunfähig. Die Übersäuerung wird noch gesteigert durch eine lebenslange Anhäufung von Ärger und Stress, Ängsten, Sorgen und Minderwertigkeitsgefühlen. So werden wir mit dem Alter immer saurer, während gleichzeitig der alternde Körper immer empfindlicher auf die Übersäuerung reagiert. Dazu kommt noch die respiratorische Azidose durch die im Alter verminderte Atmung. Auch eine harmonische Hormonproduktion ist nur bei ausgeglichenem Säure-Basen-Haushalt möglich. Genau genommen ist das Altern vorwiegend eine kontinuierliche Vergiftung durch Übersäuerung und abgelagerte Schlacken, die die Bewegung und die Funktion des Körpers immer stärker beeinträchtigen und keineswegs natürlich sind.

Die ständige Übersäuerung des Körpers erzeugt zwei

Belastungen mit unterschiedlichen Folgen: Der **Mineralstoffverlust** führt vor allem zu Haarausfall, Herzinfarkt, Arteriosklerose, Schlaganfall und Leistenbruch, während die **Ansammlung von Schlacken** Ablagerungskrankheiten wie Rheuma, Gicht, grünen Star usw. zur Folge hat. Wohlgemerkt, alles das sind keine Krankheiten im eigentlichen Sinne, sondern nur die Folgen einer leicht vermeidbaren Übersäuerung des Körpers, die alles andere als natürlich ist. Das heißt, dass diese Belastungen bei einem intakten Säure-Basen-Ausgleich gar nicht vorkommen.

Frauen haben es da etwas leichter, denn obwohl sie sich ähnlich ernähren, kann ihr Organismus in den Jahrzehnten der fruchtbaren Phase den Säureüberschuss ganz natürlich über die Monatsblutung ausscheiden; eine Möglichkeit, die der Mann nicht hat. Er muss von Anfang an die anfallenden Säuren verstoffwechseln, was dazu führt, dass er als Erstes sein Mineralstoffdepot im Haarboden verliert und unter zu frühem Haarverlust leidet, denn auf saurem Boden wachsen auch keine Haare mehr.

Auch in der Altenpflege ist die regelmäßige Entsäuerung sehr hilfreich. Das Durchliegen bei längerer Bettlägerigkeit z. B. vermeidet man durch regelmäßige basische Hautpflege und tägliche Abreibung mit einer basischen Lauge mit einem pH-Wert von 8,5 oder mit einer Lauge aus flüssiger Schmierseife mit einem pH-Wert von 9 bis 10.

Vor allem aber können durch sorgfältige und regelmäßige Entsäuerung die meisten Alterskrankheiten ganz vermieden werden, sodass man das Alter als eine Zeit körperlichen und geistigen Wohlbefindens und ständig wachsender Weisheit erlebt und damit als wertvollste Zeit des Lebens.

Speziell im Alter ist die Anwendung eines *Vital-Ionenge-*

*nerators** sehr segensreich, denn im Alter lässt die Sauerstoffverwertung stark nach. Um in die Zelle zu gelangen, muss der Sauerstoff aber ionisiert werden, was ihn erst in aktiven Sauerstoff umwandelt. Ein *Vital-Ionengenerator* aktiviert den Sauerstoff und erleichtert dem alternden Organismus die ausreichende Versorgung, was sich in einem deutlich gesteigerten Wohlbefinden zeigt.

Antriebsschwäche

Nach einer Harmonisierung des Säure-Basen-Gleichgewichts des Körpers kann man sehr häufig beobachten, dass eine depressive Grundstimmung innerhalb von 2 bis 3 Tagen verschwindet und der Betroffene wieder lachen kann. Die Freude am Leben kommt wieder auf, man wird aktiver, unternehmungslustiger und packt Dinge an, die man sich vorher nicht mehr zugetraut hätte. Vielleicht glaubte man, das sei das Alter, in Wirklichkeit war man nur sauer. Eine Übersäuerung des Körpers bewirkt Antriebsschwäche, rasche Ermüdung und lange Erholungsphasen, während eine basische Stoffwechsellage die Lebensfreude fördert, die Spannkraft erhöht und einen gesunden Schlaf schenkt.

▶ Siehe auch ***Burn-out, Depressionen, Müdigkeit.***

Arteriosklerose

Die Arterien sind im Inneren mit einer dünnen Hautschicht ausgekleidet, dem *Endothel.* Wird diese hochempfindliche Schicht porös, können Substanzen des vorbeifließenden Blutes hängen bleiben und sich festsetzen. Eine

* Siehe Bezugsquellen im Anhang.

Ursache für das Poröswerden kann sein, dass der Körper zur Neutralisierung einer Säurebelastung Basenbausteine aus dem Endothel entnehmen muss. Hier greift normalerweise das Kollagen bildende Vitamin C helfend ein, aber meistens ist auch das nicht ausreichend verfügbar, und so verwendet der Körper ein eigenes Material, das er sich selbst herstellen kann – Cholesterin. Es sorgt dafür, dass die Adern dicht bleiben, trotz der fehlenden Bausteine, aber der freie Blutfluss ist jetzt nicht mehr gewährleistet. Außerdem dringen Fettpartikel, Eiweißsubstanzen und Kalksalze in die Arterien ein und setzen sich dort fest. So werden die Arterien immer fester und unelastischer. Um den lebenswichtigen Blutstrom zu sichern, muss der Körper den Blutdruck erhöhen, damit das Blut gegen den wachsenden Widerstand alle Teile des Körpers erreicht. Trotzdem kommt es vermehrt zu arteriellen Durchblutungsstörungen, besonders in den Beinen, den Herzgefäßen und im Gehirn und damit zu einer zunehmenden Arterienverkalkung.

Das alles beginnt unbemerkt bereits ab dem 20. Lebensjahr und ist zu einem großen Teil für das vorzeitige Altern des Körpers verantwortlich. Die regelmäßige Harmonisierung des Säure-Basen-Gleichgewichtes ist einer der wichtigsten Schritte, um die Gefäße jung und elastisch zu halten und sich selbst damit viele Jahre Lebenszeit zu schenken .

▶ Siehe auch *Cholesterinablagerungen*.

Arthritis

Die Arthritis ist eine Gelenkentzündung, die zum größten Teil auf eine Säurebelastung zurückzuführen ist. Sie befällt nicht nur die Gelenke, sondern auch die Wirbelsäule und andere Körperteile. Hauptauslöser ist eine Störung des Immunsystems, das Abwehrstoffe gegen die eigene Gelenkhaut bildet. Die Ursache dafür dürfte die durch Basenentzug veränderte Hautstruktur sein, sodass sie nicht mehr als körpereigen erkannt wird.

Die rheumatische Arthritis entsteht, wenn der Hauptsäurespeicher des Körpers, das Bindegewebe, keine Säuren mehr aufnehmen kann und zur Neutralisierung die Basenanteile der Gelenkhaut entnommen werden müssen. Umso erstaunlicher ist es, dass es in der traditionellen Medizin keine Rheumadiät gibt, obwohl eine Ernährungsumstellung mit basischer Nahrungsergänzung sofortige Erleichterung und langfristig die Grundlage der Heilung schafft. Die Wirkung ist vor allem dann besonders sichtbar, wenn schon bei den ersten Symptomen ein Basenüberschuss geschaffen wird. Begleitet werden sollte die Ernährungsumstellung mit der regelmäßigen Gabe von Vitamin E und Selen.

Grundlage jeder Therapie aber muss die Herstellung des Säure-Basen-Gleichgewichtes sein mit einem täglichen Basenüberschuss, sodass einmal am Tag ein pH-Wert von 7,5, in akuten Fällen von 8 erreicht wird. Sehr hilfreich ist auch ein Basenbad mit einem pH-Wert des Wassers von 7,5 bis 8,5 und einer Badedauer von mindestens 2 Stunden, möglichst länger, bei einer Wassertemperatur von 35 bis 38° C. Für einen dauerhaften Erfolg ist es unverzichtbar, dass das Säure-Basen-Gleichgewicht täglich kontrolliert und ausgeglichen wird.

▶ Siehe auch ***Arthrose***.

Arthrose

Die Arthrose ist eine chronische Gelenkerkrankung, die vorwiegend ältere Menschen befällt. Einseitige Bewegungsgewohnheiten und ein Beckenschiefstand, meist bedingt durch eine verhaltensabhängige Beinlängendifferenz, die sofort zu beheben wäre, begünstigen und beschleunigen die Knie- und Hüftarthrose. Den degenerativen Veränderungen geht immer ein verminderter Mineralstoffgehalt der Knorpel und Knochen voraus. Vor allem in den Gelenkköpfen ist natürlicherweise ein hoher Anteil an basischen Verbindungen vorhanden, die bei Säurebelastung zur Säureneutralisierung entnommen werden. Der Verschleiß entsteht also weder durch das Alter noch durch Überlastung, sondern vor allem durch die Übersäuerung des Körpers.

Durch die Basenentnahme kommt es zur Eindickung der Gelenkschmiere. In Verbindung mit abgelagerten Kristallen ergibt sich eine schmirgelartige Masse, die bei jeder Bewegung die Knorpelmasse schädigt und Bewegungsschmerz verursacht. Als Folge davon werden Bewegungen zunehmend vermieden, was zu einer zusätzlichen Mangelversorgung des Knorpels führt, der nur durch Bewegung versorgt wird. Eine zusätzliche Verschlimmerung in dieser Situation bringt das Übergewicht, das die Gelenke unnötig belastet und auch säurebedingt sein kann.

Der Körper kann jedoch aus hochwertigen Proteinen in Verbindung mit Kalzium neues Schmiermittel bilden, weshalb zusätzlich zur Entsäuerung eine natürliche kalzium- und phosphorreiche Ernährung ratsam ist. Damit eine Proteinsynthese stattfinden kann, die wichtig für die Kollagenbildung ist, braucht der Körper auch Magnesium. Da die meisten Menschen an einem Magnesiummangel leiden, ist hierauf besonders zu beachten. Genauso wichtig ist eine reichliche Versorgung mit Vitamin C.

Ein sehr gutes pflanzliches Regenerationsmittel ist die eiweißhaltige Beinwellwurzel, als »Kitter der Knochen« bekannt. Für die Gewebebildung ebenfalls nötig ist die Aminosäure Tryptophan, die in Avocados, Bananen, Nüssen, Rohmilch, Schaf- und Ziegenkäse sowie Fisch reichlich enthalten ist.

Am allerwichtigsten aber ist die lebenslange, regelmäßige Bewegung, da nur so die Versorgung der Gelenke gesichert ist, die keinen eigenen Versorgungskreislauf haben.

Asthma

Asthma ist eine anfallartig auftretende Atemnot, die durch Verkrampfungen der Bronchien ausgelöst wird. Es kann durch eine Allergie entstehen, aber es gibt auch ein nicht allergisches Asthma, das meist erst ab der Lebensmitte auftritt. In beiden Fällen liegt meistens eine Säurebelastung vor. Beim allergischen Asthma wird durch die Säure Histamin freigesetzt, was zu Verkrampfungen der Bronchien führt, beim nicht allergischen Asthma wird der Anfall durch die Säurebelastung selbst und die daraus resultierende Verkrampfung der Muskulatur ausgelöst. Eine Übersäuerung des Körpers kann die Lungenkapillaren lähmen und sogar eine Lungenspastik zur Folge haben.

Auch psychische Faktoren, wie Angst und Stress, können einen Asthmaanfall auslösen, aber sie sind nicht die Ursache. Eine konsequente Entsäuerung des Körpers, verbunden mit einem täglichen Basenüberschuss durch eine nahrungsergänzende, physiologische Mineralstoffmischung sollte die Grundlage jeder Behandlung sein.

▶ Siehe auch ***Allergien***.

Atemwege

Wenn Ihre Atemwege häufig oder ständig belastet sind, wenn Sie überempfindlich auf Kälte und Zugluft reagieren, häufig erkältet sind oder vergrößerte Mandeln, Reizhusten oder eine tropfende Nase haben, dann sollten Sie Ihren Säurestatus prüfen. Sehr häufig verschwinden diese Symptome, sobald das Säure-Basen-Gleichgewicht wiederhergestellt ist.

▶ Siehe auch ***Asthma, Bronchitis***.

Augenprobleme

Sehstörungen aller Art, z. B. grauer Star, sind oft die Folge einer Säurebelastung des Körpers. Aber auch Augenjucken, eine Rötung der Bindehaut oder Lichtempfindlichkeit sind oft Anzeichen dafür. Die Säurebelastung macht die kleinen Augenmuskeln unbeweglicher und trübt die Linse. Da der Austausch des Kammerwassers nur sehr langsam erfolgt, braucht ein Erfolg hier einige Zeit, aber nach einigen Monaten wird die Verbesserung des Sehvermögens unübersehbar, sogar bei Makuladegeneration.

Bandscheibenprobleme

Durch die Übersäuerung des Körpers verlieren die Bandscheiben, ebenso wie die Knochen, zunehmend Kalziumphosphat. Wird die Übersäuerung nicht rechtzeitig gestoppt, schrumpfen die überwiegend aus Kollagen bestehenden Bandscheiben und können ihre Aufgabe nicht mehr zuverlässig erfüllen. Sie werden flacher und weniger elastisch, und es kann leicht zu einem Bandscheibenvorfall kommen, aber auch zu Wirbelanomalien.

Bei allen Bandscheibenproblemen sollten die ständige Entsäuerung des Körpers und die regelmäßige Basenflut mit einem Wert von 7,5 einmal täglich die Grundlage jeder Behandlung sein. Sehr oft reichen allein diese Maßnahmen aus, um die Beschwerden aufzulösen und eine jugendliche Beweglichkeit zu erreichen.

Bindegewebsschwäche

Die Bindegewebsschwäche wird hervorgerufen durch eine länger andauernde oder gar permanente Übersäuerung des Körpers. Das führt zur vorzeitigen Alterung und zur zunehmenden Versteifung des Bindegewebes. Ist das Bindegewebe durch ständige Säureüberlastung geschwächt, kann es seine lebenswichtige Pufferfunktion nicht mehr ausreichend oder gar nicht mehr erfüllen, wodurch bei weiterem Säureanfall lebenswichtige Organe betroffen sind. Es ist jedoch erstaunlich, was durch eine regelmäßige Entsäuerung mit einer täglichen Basenflut von pH 7,5 erreicht werden kann, vor allem, wenn gleichzeitig ausreichend Vitamin C zur Kollagenbildung gegeben wird. Ausreichend ist die Dosis erst, wenn man mindestens 3 Gramm täglich in mehreren Dosen über den Tag verteilt zu sich nimmt, denn Vitamin C kann nicht gespeichert werden und wird nach etwa vier Stunden ausgeschieden. Trotzdem ist auch hier eine tägliche Vitamin-C-Flut hilfreich, weil so sichergestellt ist, dass alle Regionen ausreichend versorgt werden, auch wenn der Überschuss ausgeschieden wird.

Blutdruck

Zu niedriger oder zu hoher Blutdruck, Blutdruckschwankungen sowie schlechte Blutzirkulation, Neigung zu Blutungen und Erhöhung der Cholesterin- und Harnsäurewerte im Blut können säurebedingt sein.

Hoher Blutdruck mindert deutlich die Lebensfreude und ist mitverantwortlich für Erektions- und Orgasmusstörungen. Aber auch Sehstörungen, Schwindel und Kopfschmerzen sind darauf zurückzuführen, dass eine ständige Säurebelastung vorliegt. Vor allem aber ist hoher Blutdruck ein großer Risikofaktor für Herzinfarkt und Schlaganfall.

Durch zu hohen Blutdruck werden die Wände der Blutgefäße stark belastet, und das Sauerstoffangebot für den Herzmuskel und damit für den ganzen Organismus wird reduziert. Die konsequente Entsäuerung des Körpers hat einen sofort wirksamen positiven Einfluss auf den Blutdruck. Auch die Cholesterin- und Triglyzeridwerte, beides Risikofaktoren für Herz-Kreislauf-Erkrankungen, sinken deutlich durch eine basenreiche Ernährung mit basischer Nahrungsergänzung, wodurch die Lebensqualität deutlich gesteigert wird.

Bronchitis

Durch eine ständige Säurebelastung des Körpers steigt die Anfälligkeit für Infektionskrankheiten im Lungenbereich, wodurch eine akute oder chronische Bronchitis ausgelöst werden kann. Insbesondere Raucher sind gefährdet, weil das Rauchen die Übersäuerung noch deutlich steigert und alle dadurch entstehenden Belastungen verschlimmert. Das macht auch die Statistik der Lebenserwartung deutlich, die zeigt, dass Raucher eine um etwa acht Jahre kürzere Lebenserwartung haben als Nichtraucher. Man kann es auch anders sagen: »Jede Zigarette bringt den Raucher Gott um etwa eine Viertelstunde näher.« Aber es ist nicht nur die Verkürzung der Lebenserwartung, sondern vor allem die vorzeitige Alterung des Körpers mit vielfältigen Symptomen, die das Rauchen zu einer so hohen und dabei vermeidbaren Belastung des Körpers macht. Zu allem hemmt das Rauchen auch noch die Bildung von Natriumbikarbonat in den Belegzellen des Magens und beeinträchtigt die Verdauung. Aus gesundheitlichen Gründen ist daher dringend dazu zu raten, das Rauchen aufzugeben, und das so früh wie möglich, denn wenn man die Belastungen spürt, ist es fast zu spät. Zur Vermeidung oder Heilung einer Bronchitis sollte aber in jedem Fall neben dem Verzicht aufs Rauchen eine regelmäßige und ausreichende Entsäuerung des Körpers hohe Priorität haben.

Burn-out

Immer mehr Menschen erleben immer häufiger ein Gefühl des *»Ausgebranntseins«*. Sie haben das Gefühl, auf dem letzten Tropfen ihrer Reserve zu laufen, und das entspricht weitgehend den Tatsachen. Der Körper ist dabei total übersäuert, und die Reserven an ausgleichenden Basen sind aufgebraucht, sodass die Übersäuerung immer weiter fortschreitet. Ein Gefühl der Ausweglosigkeit entsteht und breitet sich aus.

In einer solchen Situation sollte der erste Schritt sein, den pH-Wert des Körpers festzustellen und geeignete Sofortmaßnahmen einzuleiten, das heißt konkret, einen gehäuften Teelöffel Natron (Natriumbikarbonat) in einem möglichst großen Glas warmem Wasser oder Tee aufgelöst zu trinken. Die wohltuende Wirkung beginnt bereits nach 20 Minuten spürbar zu werden, und nach zwei Stunden weiß man meist die vorher aussichtslose Situation zu meistern. Es ist so einfach wie das Ölnachfüllen beim Auto. Wenn man das Öl nicht rechtzeitig nachfüllt, geht der Motor kaputt, und die Reparatur wird richtig teuer, dabei ist das Problem für ein paar Euro an jeder Tankstelle leicht zu lösen, sodass es eigentlich gar kein Problem ist. Jeder wird so vernünftig sein und das Notwendige tun. Nur bei unserem Körper, den wir nicht gebraucht verkaufen können, wenn wir ihn ruiniert haben, sind wir nicht so vernünftig oder wissen es nicht, wie einfach wir ihm helfen könnten.

▶ Siehe auch ***Erschöpfung***.

Cholesterinablagerungen

Wenn durch Übersäuerung dem Körper, besonders den Blutgefäßen, die basenbildenden Minerale (Kalzium, Kalium, Magnesium) entzogen werden, müssen diese durch eine andere Kittsubstanz ersetzt werden. Der Selbstheilungsmechanismus des Körpers verwendet dazu das stets verfügbare Cholesterin und dichtet damit die brüchig werdenden Gefäßwände ab. Cholesterin ist säureresistent und kann daher durch Übersäuerung nicht abgebaut werden. So *muss* der Körper jetzt reichlich Cholesterin als Ersatz für das verlorene Kalzium und zum Schutz der Aderwände bereitstellen, was zu einem überhöhten Cholesterinspiegel führt. Die so genannte Aderverkalkung ist also eigentlich eine Aderentkalkung und ein Austausch von Cholesterin gegen das entnommene Kalzium.

Bleibt die Säurebelastung des Körpers länger bestehen, verdichten sich die Cholesterineinlagerungen in den Adern und Blutgefäßen, wodurch die feinen Kapillargefäße weitgehend undurchlässig werden, was zu einer immer größer werdenden Mangelversorgung führt. Zudem kann das Blut nun immer weniger Nährstoffe aus den Dünndarmwänden aufnehmen. Vor allem das Gehirn wird dadurch nicht mehr ausreichend mit Nährstoffen versorgt und durchblutet.

Durch die zunehmenden Cholesterineinlagerungen verengt sich zwangsläufig auch der Aderquerschnitt, wodurch der Körper gezwungen ist, den Blutdruck zu erhöhen. Dadurch aber steigt die Gefahr, dass Blutgefäße platzen oder reißen. Um das zu verhindern, lagert der Körper vermehrt Cholesterin ein, was den Aderquerschnitt weiter verengt, bis schon ein kleines Blutgerinnsel die Ader ganz verstopfen kann.

Die herabgesetzte Durchblutungskapazität macht sich zunehmend auch im Nachlassen aller Körperfunktionen und als Leistungsabfall bemerkbar. Durch körperliche Belastung oder Erregung ist sehr schnell die Belastungsgrenze der Kapillaren erreicht. Platzt nun ein Äderchen im Gehirn, erfolgt der Schlaganfall. Platzt oder wird ein Äderchen im Herzen verstopft, kommt es zum Herzinfarkt.

Der beste Weg zur Vermeidung von Cholesterinablagerungen und die dringend notwendige vorbeugende Hilfe für den Körper heißt Entsäuerung und Remineralisierung. Ein hoher Cholesterinspiegel kann sich in wenigen Wochen ganz natürlich normalisieren, wenn wir uns basisch ernähren, also viel Gemüse, Obst und Salate essen, dazu Gemüsesäfte und geeignete Kräutertees trinken und außerdem ab und zu basische Vollbäder oder Fußbäder von mindestens 2 Stunden Dauer nehmen. Werden diese Maßnahmen eine Zeit lang beibehalten, bleibt der Cholesterinspiegel im normalen Bereich.

▶ Siehe auch ***Arteriosklerose***.

Darmbelastungen

Verschlackte Darmwände verhindern eine ausreichende Nährstoff-, Vitamin- und Mineralienversorgung. Besonders die Aufnahme von Eisen, wichtig für die Blutbildung sowie für die Haut- und Haarpigmentierung, erfolgt hauptsächlich über den Darm.

Die Resorption von Kalzium erfolgt im Magen und Zwölffingerdarm und ist vom pH-Wert abhängig. Je mehr säurebildende Nahrung in den Magen gelangt, desto weniger Magensäure wird ausgeschüttet. Zu wenig Magensäure aber vermindert deutlich die Aufnahme von Kalzium und verstärkt so den besonders bei älteren Menschen häufig auftretenden Kalziummangel. Durch die aggressiven Gärungssäuren werden im Dünndarm lebensnotwendige Aminosäuren und Enzyme zerstört, ohne die sich unsere Zellen jedoch nicht erneuern können, und ohne Enzyme entgleist der Stoffwechsel.

Die Übersäuerung im Darm kann auch zu einer sehr schmerzhaften Virusinfektion im Darm führen. Die Selbstvergiftung erstreckt sich auf den ganzen Körper, sodass auch das vegetative Nervensystem geschädigt wird. Dadurch können sich auch das Verhalten und die Persönlichkeit in Richtung Lieblosigkeit, Egoismus und Rücksichtslosigkeit verändern.

Um dem Darm nachhaltig zu helfen, braucht es eine *tägliche* Basenflut, am besten gleich morgens mit reichlich Flüssigkeit, möglichst einem Liter, sodass die angesammelten Säuren nicht nur neutralisiert, sondern auch ausgeschwemmt werden können, bevor etwas gegessen wird.

Das kann begleitet werden durch ein Rezept aus der ayurvedischen Medizin. Dabei nehmen Sie abends einen Teelöffel Rizinusöl, halten ihn etwa eine Minute im Mund

und spülen ihn dann mit einer warmen Flüssigkeit hinunter. Am nächsten Morgen kommt es zu einer milden Darmentleerung. Das sollte einige Tage gemacht werden und hilft dem Darm, sich von Ablagerungen und Verschlackungen zu befreien.

▶ Siehe auch ***Verdauungsbeschwerden***.

Depressionen

Es ist immer wieder erstaunlich, wie sich eine scheinbar durch nichts zu verändernde Depression in wenigen Tagen in Lebensfreude und Unternehmenslust wandeln kann, sobald eine gründliche Entsäuerung des Körpers vorgenommen wird. Vor allem die Altersdepression hat ihre Ursache sehr oft in einer ständigen Übersäuerung und verschwindet, sobald der Körper wieder im basischen und damit im natürlichen Bereich ist. Es gibt auch so etwas wie eine psychische Säurestarre, die sich in verschiedenen Formen von Antriebsschwäche, geringer Belastbarkeit und Müdigkeit bis hin zu Schlafstörungen und Erschöpfungen zeigt. Gerade bei Depressionen, auch wenn alle anderen Therapien versagen, kann die Entsäuerung oft Wunder wirken und sollte jede Therapie begleiten.

▶ Siehe auch ***Gemütsbelastungen, Stimmungsschwankungen***.

Diabetes

Diabetes steht nach dem Krebs ganz oben auf der Skala der Krankheiten, die durch säureüberschüssige Zivilisationskost verursacht oder verstärkt werden. Denn die basenbenötigende Bauchspeicheldrüse wird durch Übersäuerung nachhaltig geschädigt, was zu einem starken Anstieg von

Ketonen und zu den zahlreichen Spätfolgen des Diabetes führt (Nervenerkrankungen, Erblindung, schlechte Wundheilung und Zelltod).

Aber auch der Diabetes selbst bildet besonders viele Säuren im Körper. Ausgerechnet hier wird oft eine eiweißreiche und damit besonders säuernde Kost empfohlen. Die daraus resultierenden Belastungen summieren sich natürlich mit der Zeit, weshalb Diabetes vorwiegend im Alter auftritt. Die Ursache des Altersdiabetes ist weniger der Insulinmangel als vielmehr die Schädigung der Bauchspeicheldrüse, insbesondere der Langerhans'schen Inseln, durch eine hohe Säurebelastung. Hier bringt ein ausgeglichener Säure-Basen-Haushalt mit den nötigen Nahrungsergänzungen zur Spurenelementeversorgung oft erstaunliche Erfolge. Denn die Spurenelemente sind zur Bildung, Speicherung und Freisetzung von Insulin unverzichtbar. In erster Linie fehlt bei Diabetikern oft Zink, ein Mangel, der zu einer Störung des Immunsystems und verzögerter Wundheilung führt. Aber auch das Spurenelement Chrom hat einen Einfluss auf den Zuckerstoffwechsel und sollte daher ausreichend vorhanden sein.

Vor allem aber sollte die permanente Entsäuerung des Körpers mit einer täglichen Basenflut von pH 7,5 Grundlage jeder Therapie sein, denn die Entsäuerung entlastet nicht nur den Organismus und stärkt das Immunsystem, sie kann auch den Wirkungsgrad des Insulins deutlich verbessern. Daher wurden früher, als das Insulin noch nicht zur Verfügung stand, bis zu 30 Gramm Natriumbikarbonat täglich verordnet.

Durchblutungsstörungen

Jede einzelne Zelle unseres Körpers benötigt eine ständige Versorgung durch den Blutstrom, durch den auch die Entsorgung nicht mehr benötigter Stoffe erfolgt. Der Anfall von Säureschlacken wird durch eine basische Kost deutlich verringert, muss jedoch von einer basischen Nahrungsergänzung begleitet werden, weil unsere Zivilisationskost einen zu hohen Säureanteil hat. Mit einer Nahrungsumstellung allein kann die oft jahrzehntelange Säurebelastung nicht ausgeglichen werden.

Durch Säure werden die roten Blutkörperchen immer unelastischer und erstarren letztlich, sodass sie die engen Kapillaren nicht mehr passieren können, sie sogar selbst verstopfen. Dadurch kann es zum Herzinfarkt oder Schlaganfall (siehe dort) kommen, zumindest aber zu einer Mangelversorgung des Körpers und einem Sauerstoffdefizit. Besonders gefährdet sind auch die Beine, die durch die Muskelbeanspruchung auf eine gute Sauerstoffversorgung angewiesen sind. Damit es nicht erst zu Thrombosen oder gar Unterschenkelgeschwüren (siehe dort) kommt, solle schon bei geringen Durchblutungsstörungen die Säurelage des Körpers geprüft werden und einmal täglich durch eine entsprechende Nahrungsergänzung eine Basenflut geschaffen werden.

▶ Siehe auch ***kalte Hände und Füße.***

Durchfall

Zwar ist der Durchfall keine säurebedingte Erkrankung, aber wichtige Mineralstoffe und Spurenelemente werden dabei ausgeschieden, auf die der Organismus nicht verzichten kann und die daher so schnell wie möglich wieder zugeführt werden müssen. Ursache für den Durchfall kann eine zeitweise Säurespitze sein, weil der Körper versucht, die Säurebelastung auf diesem Weg loszuwerden. Auch hierbei ist eine Harmonisierung des Säure-Basen-Haushaltes hilfreich und unbedingt zu empfehlen.

▶ Siehe auch ***Darmbelastungen***.

Ekzeme

Alle juckenden, entzündlichen Hautveränderungen, auch wenn sie allergischen Ursprungs sind, sprechen sehr gut auf eine konsequente Entsäuerung des Körpers an, denn oft wird das Lymph- und Immunsystem erst durch die Übersäuerung zu seiner Überreaktion mit nachfolgenden Ekzemen angeregt. Ganz besonders hilfreich sind hier natürlich Basenbäder von mindestens 2 Stunden Dauer, bei denen der Körper auch von außen entsäuert wird.

▶ Siehe auch ***Allergien, Hauterkrankungen***.

Endokrine Drüsen

Durch Übersäuerung kann es zu einer verminderten Produktion und Sekretion der Drüsen im Allgemeinen und im Besonderen zu einer Überfunktion der Schilddrüse kommen. Überprüfen Sie in diesem Fall Ihren Säure-Basen-Haushalt und ergreifen Sie die geeigneten Maßnahmen zur Entsäuerung (siehe Kapitel 3).

Entgiftung

Im Laufe der Jahre wird der Körper mit einer Vielzahl von unbrauchbaren oder gar giftigen Substanzen belastet, die er nicht immer ausscheiden kann und daher im Bindegewebe speichert. So entstehen mit der Zeit viele »Sondermülldeponien« im Körper, besonders durch Säurebelastung. Wollen Sie diese Ablagerungen auflösen, z. B. durch Fasten, kann es zu einer Selbstvergiftung des Körpers kommen. Es empfiehlt sich daher, schon *vor* dem Fasten eine gründliche Entsäuerung des Körpers vorzunehmen, um eine Basenreserve für die zu erwartende Zusatzbelastung zu schaffen.

Schon wenn Sie regelmäßig einige Zeit lang einen Entschlackungs- und Blutreinigungstee trinken, führt das dazu, dass vermehrt Schlacken gelöst werden und in den Kreislauf gelangen. Stehen dann nicht genügend Basen zur Neutralisierung zur Verfügung, wird der Körper zusätzlich stark belastet, dabei wollten Sie ihm doch eigentlich helfen. Also auch vor einer Entschlackungskur durch Tee unbedingt eine gründliche Entsäuerung mit einer täglichen Basenflut durchführen, damit Sie Ihrem Körper wirklich wirksam helfen. Sie können ihn noch mehr unterstützen, indem Sie für tägliche Bewegung sorgen, die die Sauerstoffversorgung fördert und die Entgiftung unterstützt.

Erschöpfung

In einem übersäuerten Organismus ist der Sympathikus ständig überreizt und bewirkt ein Gefühl der Erschöpfung, Antriebslosigkeit und Leistungsschwäche. Das beeinträchtigt auch das Selbstwertgefühl und schafft eine permanent depressive Grundstimmung. Besonders kritisch wird die Situation dadurch, dass die eigentliche Ursache meist nicht erkannt wird, andere Ursachen unterstellt werden und deren Behandlung nicht zum gewünschten Ergebnis führt, wobei oft zusätzliche Belastungen durch Medikamente und Nebenwirkungen geschaffen werden.

Eine Nahrungsumstellung mit einer sinnvollen basischen Nahrungsergänzung kann hier in den meisten Fällen Wunder wirken. Die so lange vermisste gute Laune kehrt zurück, Spannkraft und Ausdauer sowie ein erholsamer Schlaf stellen sich ein und schaffen eine ganz neue Lebensqualität.

▶ Siehe auch ***Burn-out, Reizbarkeit***.

Fastenkrise

Wenn Sie fasten, werden natürlich gleichzeitig mit dem Abnehmen auch bisher im Fettgewebe gebundene Säuren frei und zirkulieren wieder im Körper. Das führt zu einer deutlichen Beeinträchtigung des Wohlgefühls und trübt die Freude am Abnehmen. Wenn Sie jetzt dem Körper nicht wirksam helfen, kann es zu einem Säurestau kommen, weil der Körper die plötzlich frei werdenden Säuren nicht schnell genug neutralisieren kann. Schlimmstenfalls kann ein Schlaganfall oder ein Herzinfarkt ausgelöst werden. So weit muss es jedoch nicht kommen. Wenn Sie fasten wollen, geben Sie also dem Körper vorbeugend eine starke Basenflut, damit er genügend Reserven hat, um mit allen frei werdenden Säuren fertig zu werden, und die gefürchtete Fastenkrise bleibt ganz aus.

Fieber

Das Fieber ist ein sehr wirksames Mittel des Körpers, um sich gegen Infektionen zu wehren, aber auch um Schlacken loszuwerden. Es sollte daher möglichst nicht unterdrückt werden. Fieber kann viele Ursachen haben, aber in jedem

Fall führt eine sofortige Entsäuerung des Körpers zu einer Entlastung. Man hat bei Fieber meist keinen Appetit, sollte aber genügend basische Getränke zu sich nehmen, bis das Fieber von einem natürlichen Wohlbefinden abgelöst wird.

Gallensteine

Die Leber mit der Gallenblase und die Bauchspeicheldrüse sind die Hauptregulatoren des Säure-Basen-Gleichgewichtes. Speziell die Galle benötigt einen hohen Anteil der vom Magen gebildeten Basen. Stehen diese nicht ausreichend zur Verfügung, wird das in der Galle gelöste Cholesterin fest und verbindet sich mit anderen Stoffen zu Gallensteinen. Mit einer vorwiegend basischen Ernährung, verbunden mit einer basischen Nahrungsergänzung, kann Gallensteinen vorgebeugt werden.

Gallensteine sind, ebenso wie Nieren- oder Blasensteine, die Folge einer Säureüberlastung des Körpers und damit Ablagerungserkrankungen. Dazu gehören auch der Zahnstein, das Rheuma, die Gicht, die Arteriosklerose sowie die Arthrose. In den meisten Fällen wird man hierbei einen ausgeprägten Magnesiummangel feststellen. Dann solle man unbedingt die Magnesiumzufuhr sofort und drastisch erhöhen, unabhängig von der in jedem Fall erforderlichen Einnahme einer physiologischen Basenmischung.

Gastritis

Eine Gastritis ist eine Magenschleimhautentzündung, die durch eine übermäßige Säureproduktion der Belegzellen des Magens entsteht. Die eigentliche Ursache aber ist ein akuter Mangel an Basen, die benötigt werden, um das Säure-Basen-Gleichgewicht zu erhalten. Bleibt dieser Zustand bestehen, greift die Magensäure die Magenschleimhaut an, und es können sich Magengeschwüre bilden. Es ist daher sinnvoll, schon bei den ersten Anzeichen einer solchen Magenbelastung dem Körper ausreichend Basen zur Verfügung zu stellen und so das gestörte Gleichgewicht wiederherzustellen.

▶ Siehe auch ***Magenprobleme.***

Gelenke

Durch Übersäuerung in den Gelenken kann es zu Bewegungseinschränkungen, Versteifungen und Schmerzen kommen. Bei Gelenkschmerzen sollten sofort basische Vollbäder mit einem pH-Wert von 8,5 genommen werden. Meist werden die Schmerzen bereits beim Baden ausklingen. Bei hartnäckigen Schmerzen sind die Bäder entsprechend zu wiederholen, wobei die Verweildauer eine große Rolle spielt. Bei Gelenkschmerzen ist eine Badedauer von mindestens 2 bis 3 Stunden zu empfehlen, damit sich eine deutliche Wirkung einstellen kann. Wird zusätzlich noch ein entschlackender Tee genommen, verschwinden auch die Bewegungseinschränkungen und Versteifungen, und Sie erleben wieder eine jugendliche Elastizität.

▶ Siehe auch ***Arthritis, Gicht, Rheuma.***

Gemütsbelastungen

Kaum jemand denkt bei einer Gemütsbelastung an eine Übersäuerung, und doch sind mangelnde Lebensfreude, Traurigkeit, trübe Gedanken, depressive Verstimmungen, Reizbarkeit, Nervosität und innere Unruhe, aber auch

Überempfindlichkeit und Schreckhaftigkeit sowie Konzentrations- und Gedächtnisschwäche oft auf eine Übersäuerung zurückzuführen und mit der Entsäuerung entscheidend zu verbessern oder aufzulösen. Das ist auch deshalb dringend nötig, weil jemand, der permanent deprimiert ist und negativen Gedanken nachhängt, sein Immunsystem in hohem Maße schwächt. Er schafft so ein »saures Milieu«, auch ohne saure Nahrung. Er lebt gewissermaßen in einem seelischen Dauerkonflikt, der nicht nur ständig Kraft kostet, die woanders dann fehlt, sondern der zu einer Dauerbelastung für den Körper wird. Mit einer Entsäuerungskur können Sie dem wirksam begegnen.

▶ Siehe auch ***Depressionen, Stimmungsschwankungen***.

Geschlechtsorgane

Durch Übersäuerung kann es zu Entzündungen, Rötungen und Juckreiz der Geschlechtsorgane kommen, auch der Gebärmutter. Abhilfe schafft auch hier in vielen Fällen eine gründliche Entsäuerung und Wiederherstellung des Säure-Basen-Gleichgewichts.

Gicht

Auslöser der Gicht ist ein Übermaß an Harnsäure im Blut. Die eigentliche Ursache aber ist die Übersäuerung des Körpers. Denn bei akutem Basenmangel neigt die Harnsäure dazu, sich in kleinen Kristallen zu verfestigen. So lange nicht ausreichend Basen zur Verfügung stehen, kann der Körper diese Kristalle nicht neutralisieren und ausscheiden, und sie werden im Bindegewebe zwischengelagert. Oft bleiben sie in den Gelenken hängen, wirken dort wie Schmirgel, was zu entzündlichen Prozessen, verbunden mit heftigen Schmerzen, und letztlich zu den bekannten Verhärtungen, den Gichtknoten, führt. Die Harnsäurekristalle können sich auch in den Sehnenscheiden und Schleimbeuteln ablagern, ja sogar in der Ohrmuschel, und dort Gichtknoten bilden. Aber auch in den Nieren lagern sie sich ab, was zur allmählichen Verhärtung der Nieren und Nierensteinbildung führt, sodass die ohnehin säurebelasteten Nieren letztlich ihre Funktion nicht mehr erfüllen können und versagen.

Zwar ist die Neigung zu Gicht erblich, aber diese Disposition hat keineswegs immer den Ausbruch der Krankheit zur Folge. Vielmehr kann sie durch konsequente basische Ernährung mit ausreichend basischen Nahrungsergänzungen und einer Reduzierung des Körpergewichtes verhindert werden. Besonders bei Gicht ist darauf zu achten, dass der Körper seine tägliche Basenflut erhält, mit einem pH-Wert von 7,5 bis 8. Innerhalb von wenigen Stunden kann meist schon der Erfolg sichtbar und spürbar erlebt werden. Die Schmerzen lassen nach, die Gelenke werden beweglicher und die Entzündungen schwellen ab. Auch hier sind basische Vollbäder sehr zu empfehlen, sie entfalten ihre Wirkung jedoch erst ab einer Dauer von mindestens 2 bis 3 Stunden. Das Badewasser sollte dabei einen pH-Wert von 8,5 haben. Wenn Sie am Ende den pH-Wert erneut messen, werden Sie feststellen, dass er deutlich abgesunken ist, ein Zeichen für die aus Ihrem überlasteten Körper gelösten Säuren.

▶ Siehe auch **Gelenke**.

Haarausfall

Der Haarboden ist natürlicherweise ein mit Mineralstoffen reich gefüllter Speicher, aus dem die Haare ernährt werden. Haarausfall ist zwar oft genetisch bedingt, kann aber durch einen »sauren Boden« verstärkt oder gar verursacht werden. Auch vorzeitiges Ergrauen und Kopfhautallergien werden durch Übersäuerung verursacht. Sportler sind besonders gefährdet, weil die erhöhte Milchsäure aus starker Muskelbeanspruchung die Mineralstoffe des Haarbodens aufbraucht.

Unbedingt erforderlich ist die Zufuhr einer physiologischen Mineralstoffmischung, und das in großer Menge und mehrmals täglich. Eine geringe oder normale Dosis kann hierbei nicht viel bewirken, weil sie sofort zur Neutralisierung der laufend anfallenden Säuren verbraucht wird. Nur bei einer stark erhöhten Zufuhr von Mineralstoffen über einen Zeitraum von mindestens sechs Monaten, besser einem Jahr, kann das Mineralstoffdepot im Haarboden wieder aufgefüllt werden und damit neuen Haarwuchs ermöglichen. Sobald der Haarboden »saniert« ist, kommt der Haarwuchs zuverlässig wieder, wenn noch lebende Wurzeln vorhanden sind. Das ist in den meisten Fällen auch noch nach Jahren der Fall, sodass Sie gute Aussichten haben, Ihre natürliche Haarfülle wieder zu erlangen, wenn Sie konsequent, regelmäßig und ausdauernd entsäuern.

Der Haarboden des Mannes ist offensichtlich die bevorzugte Entnahmestelle von Spurenelementen und Mineralstoffen zur Neutralisierung der anfallenden Säuren. Der Haarwuchs ist daher ein untrügliches Zeichen, wie weit das »Mineralstoffkonto« gefüllt ist. Dabei fühlt sich ein Mann mit gelichtetem Haar keineswegs schlechter als zuvor, so lange die Entmineralisierung sich auf den Haarboden beschränkt. Haarausfall trifft besonders häufig die Männer, weil Frauen in der fruchtbaren Phase ihres Lebens, also über Jahrzehnte, mit der Monatsblutung Säuren ausscheiden. Haarausfall kann auch durch eine Chemotherapie verursacht werden, bei der schlagartig so viele Säuren anfallen, dass zu deren Neutralisierung auf die Körperreserven zurückgegriffen werden muss.

Kreisrunder Haarausfall ist meist auf Stress, Gift- oder Pilzbelastung zurückzuführen und sollte entsprechend behandelt werden. In jedem Fall muss überflüssige Säurebildung und -zufuhr vermieden, vorhandene Säure neutralisiert und ausgeschieden und der Mineralstoffvorrat aufgefüllt werden, dann hört der Haarausfall nicht nur auf, sondern die Haare wachsen auch wieder.

Wenn Sie etwas für Ihre Haarpracht tun wollen, hier die größten Feinde, gegen die Sie vorgehen sollten: Rauchen (Nikotin); Fleischgenuss (Harnsäure), vor allem Schweinefleisch (Harnsäure, Schwefelsäure und Salpetersäure); Süßigkeiten, süße Getränke, Weißmehlprodukte und zu hoher Fettkonsum (Essigsäure); Schmerzmittel (Acetylsalizylsäure); Kaffee und schwarzer Tee (Gerbsäure); große körperliche Anstrengung (Milchsäure); Ärger, Stress, Angst (Salzsäure); kohlensaure Getränke (Kohlensäure), Colagetränke (Phosphorsäure); Wein (Weinsäure und Schwefelsäure); Amalgamzahnfüllungen (Quecksilber); Umweltgifte am Arbeitsplatz (Elektrosmog).

Versuchen Sie bitte nicht, alles auf einmal richtig zu machen, dann macht man meist gar nichts, sondern eliminieren Sie einen Mineralstoffräuber nach dem anderen und vermindern Sie die, die Sie noch nicht vermeiden können. Nicht nur Ihr Haar, sondern auch Ihr ganzer Körper wird es Ihnen mit Wohlgefühl und Lebensfreude danken.

Hämorrhoiden

Hämorrhoiden zeigen an, dass die Säureüberflutung des Körpers bereits ein bedenkliches Maß erreicht hat und dringend Abhilfe erforderlich ist, um Schlimmeres zu vermeiden. Besonders, wenn diese bereits offen sind und bluten, zeigt das, dass der Körper keine andere Möglichkeit mehr sieht, als eine Öffnung zu schaffen, wo vorher keine war, um sein Überleben zu sichern. Ganz schlimm wäre es jetzt, die Hämorrhoiden operativ entfernen zu lassen oder sie zu »veröden«, denn damit würde dem Körper das Notventil geschlossen und die Übersäuerung würde noch weiter fortschreiten.

Auch bei Frauen treten nach der Geburt eines Kindes manchmal Hämorrhoiden auf. Das kommt daher, dass der Körper während der Schwangerschaft wegen der ausbleibenden Regelblutung die Säuren nicht mehr auf natürliche Weise entsorgen kann und sie im Körper »parkt«. Normalerweise verschwinden die Hämorrhoiden nach der ersten Regelblutung wieder.

Nehmen Sie also Hämorrhoiden nicht auf die leichte Schulter, sondern erkennen Sie sie als Alarmsignal und Aufforderung, dem Körper *sofort* zu helfen. Mit der Entsäuerung verschwinden die Hämorrhoiden dann ganz schnell und treten auch nie mehr auf, so lange Sie im Säure-Basen-Gleichgewicht bleiben.

Hauterkrankungen

Die Haut ist mit etwa 20 Kilogramm Gewicht und fast 2 Quadratmeter Fläche unser größtes Organ. Der Körper versucht, überschüssige Säure auch über die Haut loszuwerden. Wenn ihm das nicht ausreichend gelingt, weil wir zu wenig schwitzen, kommt es zu Ekzemen, Pusteln, Flechten und Akne. Weitere mögliche Folgen sind: starke Rötungen, zu trockene oder rissige Haut, ständiger Juckreiz, blasse und fahle Haut, Hautunreinheiten, Mitesser und braune Flecken. Sogar Zellulitis und Bindegewebsveränderungen werden durch die Übersäuerung zumindest mitverursacht, da der Körper überschüssige Säuren bevorzugt im Bindegewebe ablagert. Auch hartnäckige Sehnenscheidenentzündungen und natürlich Magen-, Darm- und Schleimhautentzündungen sowie Nesselfieber und Pilzerkrankungen haben ihren Ursprung in der Übersäuerung.

All diese Symptome sind Hilferufe des Körpers. Aber selbst schwere Hautkrankheiten können wirksam gebessert oder geheilt werden, sobald der Körper entsäuert wird.

Die Haut ist das natürliche Kleid unseres Körpers. Sie reagiert auf alle Umwelteinflüsse sehr sensibel, aber vor allem macht sie die innere Situation sichtbar: Wahre Schönheit kommt von innen. Dabei hängen Haut und Darm eng zusammen, und so ist bei jeder Hauterkrankung darauf zu achten, dass der Darm in Ordnung ist oder saniert wird. Der wichtigste Schritt hierbei ist die Entsäuerung des Körpers durch basische Ernährung und basische Nahrungsergänzung. Erst dann können andere Maßnahmen wirksam greifen.

Kollagene bilden das Gerüst unseres Bindegewebes und sorgen auch dafür, dass unsere Haut glatt und elastisch bleibt. Sie ziehen jedoch Säuren geradezu an, was dazu führt, dass die Haut unelastischer wird und vorzeitig altert. Dem kann jedoch wirksam vorgebeugt werden. Vor allem die tägliche Basenflut zeigt hier besonders schnell eine gut sichtbare Wirkung. Aber auch regelmäßige Basenbäder beschleunigen die pflegende und heilende Wirkung.

▶ Siehe auch ***Ekzeme, Pickel.***

Herzinfarkt

Der Herzinfarkt hat viele Ursachen: Übergewicht, Bewegungsmangel, hoher Blutdruck, Stress, Sorgen, Angst, Nikotin, Alkohol und Aggressionen, um nur einige zu nennen. Die Voraussetzung aber, dass es zum Herzinfarkt kommen kann, ist eine jahrelange Übersäuerung des Körpers, die zu einer nicht kompensierbaren Säurespitze führt. In den übersäuerten Bereichen des Körpers kommt es dann zur Azidosestarre der roten Blutkörperchen (siehe Kapitel 6) und zu einem schlagartigen Zusammenbruch der Versorgung mit partiellem Gewebstod (Nekrose). Diese Entwicklung lässt sich jedoch verhindern, wenn sie rechtzeitig erkannt und durch Bereitstellung eines ausreichenden Basenangebotes umgekehrt wird. Im Anschluss an eine umfassende Sanierung des Säure-Basen-Haushalts können dann in den geschädigten Bereichen im Herzen die Stoffwechselvorgänge so gebessert werden, dass auch zukünftige Belastungsspitzen nicht mehr zu einem Zusammenbruch führen.

Im Jahre 1928 entdeckte der damals führende Herzforscher der Hochschulmedizin durch einen Zufall, dass Strophanthin, ein Glykosid aus den Samen der Strophanthusgewächse, Angina pectoris beseitigt und Herzinfarkt verhüten kann. Wird bei Herzbelastungen Strophanthin laufend gegeben, bleiben die Betroffenen beschwerde- und infarktfrei, gleich ob das Strophanthin intravenös oder oral gegeben wird. Dieser Erfolg blieb zunächst unverständlich, bis erforscht war, dass der geschädigte Herzmuskel durch Übersäuerung seinen Sauerstoff nicht mehr optimal nutzen kann, sodass es zu Angina pectoris oder, bei sehr starker Übersäuerung, zum Herzinfarkt kommt. Strophanthin unterstützt den Herzmuskel bei der Sauerstoffnutzung so weit, dass die Übersäuerung reduziert wird und bei fortlaufender Einnahme verschwindet und ausbleibt.

Dabei beginnt die erste Phase der Belastung meist schon Jahrzehnte vor dem Herzinfarkt im Kindesalter. Einseitige Zivilisationskost, Bewegungsmangel und das Rauchen verstärken die Zahl und Größe der Ablagerungen in den Arterien. Zu wenig beachtet ist auch die direkte Verbindung von Herz und Psyche. Die Innenauskleidung der Herzkranzgefäße enthält, wie das Gehirn, zahlreiche Rezeptoren für Stresshormone. Werden psychische Belastungen nicht oder nicht ausreichend verarbeitet, entsteht hier eine psychische Dauerbelastung, die auf diesem Weg ebenfalls zu Angina pectoris und Herzinfarkt führen kann.

Der Körper braucht daher ein ständig verfügbares Entsäuerungspotenzial, um Belastungen sofort abbauen zu können, *bevor* es zu Organschädigungen kommt. Neben der ständigen Entsäuerung helfen dem belasteten Herzen Vitamin E sowie Omega-3-Fettsäuren und Folsäure (Vitamin-B-Komplex).

Wenn der Blutdurchfluss durch die Gewebekapillaren stark unter seinen Sollwert sinkt, dann kann selbst ein ausreichendes Entsäuerungspotenzial die Säurebelastung im Gewebe nicht mehr ausreichend neutralisieren, und es drohen Schlaganfall oder Herzinfarkt. Bei rechtzeitiger Entsäuerung des Körpers ist das leicht zu verhindern, denn Schlaganfall und Herzinfarkt sind keine Krankheiten im eigentlichen Sinne, sondern vermeidbare Folgen der Übersäuerung.

Sollten Sie jemals gezwungen sein, bei einem Herzinfarkt oder Schlaganfall Erste Hilfe zu leisten, dann wäre die sinnvollste Maßnahme bis zum Eintreffen des Krankenwagens, den ganzen Körper des Betroffenen sofort mit einer stark basischen Lösung einzureiben. Das kann Natron sein oder ein basisches Badesalz. Lösen Sie einen gehäuften Esslöffel voll in einem Liter Wasser auf und wiederholen Sie die Abreibungen bis zum Eintreffen des Krankenwagens. Vorher jedoch geben Sie dem Kranken, wenn möglich, ein Glas Wasser zu trinken, in dem Sie einen gehäuften *Teelöffel* »Kaiser-Natron« oder Speisesoda aufgelöst haben. Es ist das Beste was Sie für den Betroffenen tun können, und es kann sein, dass allein dadurch der Anfall vorübergeht, zumindest aber Folgeschäden weitgehend vermieden werden.

▶ Siehe auch ***Cholesterinablagerungen, Schlaganfall***.

Heuschnupfen

Die bekannten Symptome des Heuschnupfens, laufende Nase und entzündete Augen, lassen sich oft vorbeugend durch die Einnahme von täglich etwa 5 Gramm Natriumbikarbonat in einem großen Glas möglichst warmem bis heißem Wasser vermeiden. Wird jedoch auch nur 1 bis 2 Tage damit ausgesetzt, erscheinen die Symptome erneut. Wenn man die Entsäuerung mit einer geeigneten Basenmischung weiterführt, kann man selbst nach jahrelanger Heuschnupfenbelastung im nächsten Jahr meist völlig symptomfrei bleiben.

▶ Siehe auch ***Allergien***.

Hitzewallungen

Der Körper versucht, beim Eintreten der Wechseljahre und der damit verbundenen Umstellung eine Zeit lang die anfallenden Säuren mit den so genannten »Hitzewallungen« zu verbrennen. Das ist eine sinnvolle Maßnahme, denn mit den Wechseljahren entfällt der natürliche Ausscheidungsweg der Regelblutung, und der Körper muss einen anderen Weg der Neutralisierung finden. Es ist daher nicht sinnvoll, diese Maßnahme des Körpers durch Medikamente zu behindern oder gar zu unterdrücken, auch wenn das Symptom sehr belastend sein kann, sondern ihm mit einer starken Entsäuerung wirksam zu helfen, sodass die Hitzewallungen nicht mehr benötigt werden und ganz von selbst verschwinden.

▶ Siehe auch ***Wechseljahrbeschwerden.***

Hörsturz

Immer häufiger erleiden Menschen einen Hörsturz. Er äußert sich durch einen plötzlichen Hörverlust in einem Ohr, meist begleitet von störenden Geräuschen, aber auch von Schwindel oder einem Druckgefühl. Auf keinen Fall darf man einen Hörsturz leicht nehmen, sondern sollte in jedem Fall sofort einen Arzt aufsuchen. Verantwortlich für den Hörsturz sind Durchblutungsstörungen im Innenohr. Ursache kann eine Virusinfektion sein, Stress, psychische Belastung oder Lärm, vor allem aber eine Übersäuerung des Körpers. Wenn es zu einer Säurestarre der roten Blutkörperchen kommt, können diese die feinen Kapillaren im Innenohr nicht mehr passieren und verstopfen diese sogar. Dadurch kommt es zu einer Art Infarkt.

In akuten Fall sollte sofort der Arzt verständigt werden, aber als Erste Hilfe kann ein Glas Wasser mit 5 Gramm Natron getrunken und ein basengetränkter Wattebausch ins Ohr gesteckt werden. Auch wenn Ihr Arzt das vielleicht nicht als sinnvoll erkennt, kann es sein, dass dadurch bis zu seinem Eintreffen die Symptome bereits verschwunden sind. Beugen Sie einem weiteren Hörsturz auf jeden Fall vor, indem Sie sich vorwiegend basisch ernähren und eine basische Nahrungsergänzung zu sich nehmen. Das Natron ist nur zur Ersten Hilfe gedacht und keine Dauerlösung, obwohl es am schnellsten wirkt, aber es remineralisiert den Körper nicht umfassend. Wenn Sie dem Körper eine tägliche Basenflut mit einem pH-Wert von 7,5 bieten, sind Sie auf der sicheren Seite.

▶ Siehe auch ***Durchblutungsstörungen***.

Kalte Hände und Füße

Jeder Arzt wird Ihnen sagen, kalte Hände und Füße seien ein Durchblutungsproblem, aber die Ursache ist meist eine Übersäuerung des Körpers. Denn wenn das Bindegewebe durch Säureüberlastung immer unelastischer wird, wird dadurch auch die Durchblutung behindert. Diese Mangelversorgung zeigt sich in kalten Händen und Füßen. Eine tägliche Basenflut kann das Problem sehr schnell beseitigen, besonders, wenn Sie einige Tage zusätzlich Basenbäder nehmen, entweder als Vollbad oder als Fußbad mit einem pH-Wert von 8,5, was Sie leicht mit einigen Esslöffeln Natron erreichen. Gleichzeitig haben Sie damit auch ein wirksames Mittel gegen Schweißfüße, denn bei einer Übersäuerung benutzt der Körper die Füße als Ersatznieren und scheidet über den Fußschweiß einen Teil der Säure aus.

Karies

Karies ist keine Krankheit, sondern eine Folge der Übersäuerung des Körpers. Die Tatsache, dass etwa 97% der Menschen in den so genannten zivilisierten Ländern im Laufe des Lebens (oft schon als Kinder) Karies bekommen, zeigt deutlich, dass fast alle übersäuert sind. Durch die

Übersäuerung des Körpers ist der Organismus gezwungen, die mineralstoffhaltigen Bereiche des Körpers, also auch die Zähne, anzugreifen, um die angefallenen Säuren zu neutralisieren. Erst durch die Entmineralisierung wird Karies möglich; dabei wäre sie leicht vermeidbar. Sobald nämlich der Körper regelmäßig entsäuert wird und die Mineralstoffdepots wieder gefüllt sind, tritt Karies nicht mehr auf. Wenn Sie dann noch Ihre Zähne von einem guten Zahnarzt einmal gründlich in Ordnung bringen und am besten alles Amalgam entfernen lassen, haben Sie nie wieder Zahnprobleme, und Karies ist ein Wort ohne jede Bedeutung für Sie.

▶ Siehe auch ***Zahnprobleme***.

Kinderlosigkeit

Wie wichtig die Entsäuerung für eine Schwangerschaft ist, kann man daran erkennen, dass das Fruchtwasser einen pH-Wert von 8,5 hat, wenn es optimal, also natürlich ist. Diesen Wert einzuhalten bedeutet für den Körper eine ungeheuere Anstrengung, wenn das umgebende Gewebe durch Übersäuerung einen pH-Wert von vielleicht 6,5 oder noch weniger hat, und es ist manchmal einfach nicht zu schaffen, mag der Kinderwunsch noch so groß, das sonstige Umfeld noch so optimal sein. Besonders durch die Einnahme der Pille entsteht ein unnatürlicher Säurestau, und viele bleiben kinderlos, weil der übersäuerte Körper nicht empfangsbereit ist. Es sollte daher schon Monate *vor* einer gewünschten Schwangerschaft für einen natürlichen Säure-Basen-Ausgleich gesorgt werden, damit das Kind im Mutterleib in einer harmonischen Umgebung aufwachsen und sein Leben ohne gesundheitliche Belastungen beginnen kann.

Aber auch für die Frau und künftige Mutter ist die Entsäuerung wichtig, denn das Kind nimmt sich notfalls aus den Reserven des Körpers der Mutter, was es braucht, und das kann dann zu Mangelerscheinungen bei der Mutter führen. Übersäuertes Bindegewebe kann sich nach der Geburt nicht mehr optimal zurückbilden, und es bleiben nicht nur die Schwangerschaftsstreifen, sondern oft eine fürs ganze Leben verdorbene Figur, was sehr belastend sein kann und dabei völlig unnötig ist.

Sie können übrigens schon vor der Zeugung mit der Seele des Kindes Kontakt aufnehmen, das einmal zu Ihnen kommen wird, können ihm »sagen«, dass es willkommen ist und können es fragen, was zu tun ist, damit die Geburt für Mutter und Kind ein erfüllendes Erlebnis wird. So wird Ihr Kind, lange bevor es gezeugt ist, ein lebendiger Teil Ihrer Familie, und der Kontakt zu ihm eröffnet Ihnen ganz neue Möglichkeiten der Kommunikation.

▶ Siehe auch ***Die Pille, Potenzstörungen***.

Knochengerüst

Der Abbau von Mineralstoffen in den Knochen kann zur Osteoporose, Osteomalazie (Knochenerweichung), Rachitis, wiederholten Knochenbrüchen und verzögerter Heilung nach Brüchen führen. Auch häufiges Gelenkknacken, besonders am Morgen, überdehnte Bänder, wandernde Gelenkschmerzen und häufige Entzündungen der Gelenkbänder sind darauf zurückzuführen. Zur Vorbeugung und Heilung sollten Sie ein gründliches Entsäuerungsprogramm und eine umfassende Remineralisierung durchführen.

▶ Siehe auch ***Gelenke, Osteoporose***.

Konzentrationsstörungen

Ist der Körper über längere Zeit übersäuert, bewirkt dies mangelnde Durchblutung im Gehirn, rasche Ermüdbarkeit, nachlassende Leistungsfähigkeit, Reizbarkeit und Konzentrationsstörungen. Diese oft seit vielen Jahren bestehenden Symptome können innerhalb von wenigen Tagen verschwinden. Dann werden Sie eine fast vergessene Unternehmungslust verspüren, die Sie Aufgaben anpacken und lösen lässt, an die Sie sich vorher gar nicht mehr herangetraut hätten.

▶ Siehe auch ***Durchblutungsstörungen.***

Kopfschmerzen und Migräne

Fast 5% der Deutschen haben einen täglichen Dauerkopfschmerz, und fast 50% haben gelegentlichen bis häufigen Kopfschmerz. Das führt zu einer starken Einschränkung der Lebensqualität und einem Nachlassen oder Verschwinden der Lebensfreude. Eine blasse Gesichtsfarbe auf Grund zusammengezogener Kapillaren, empfindliche oder tränende Augen, Bindehautentzündung und Lidrandentzündung können die Anzeichen einer zu Grunde liegenden Übersäuerung sein. Auch bei Migräne bestätigt eine ganze Reihe von Studien, dass die Entsäuerung des Körpers mit einer folgenden basenreichen Ernährung die Schmerzen lindern oder endgültig beseitigen kann. Einem Migräneanfall kann man oft vorbeugen, indem man schon bei den ersten Anzeichen einen gehäuften Teelöffel Natron (Natriumbikarbonat), in einem großen Glas warmer Flüssigkeit gelöst, zu sich nimmt.

▶ Siehe auch ***Prämenstruelles Syndrom.***

Körpergeruch

Ist der Körper ständig übersäuert, werden mit dem Schweiß vermehrt Säuren und Schlacken ausgeschieden, die einen höchst unangenehmen Körpergeruch verursachen. Dazu kommt, dass viele Menschen zusätzlich noch unter einem starken, oft auch kalten Schweiß leiden, sodass sie ihr Nachtgewand mitunter mehrfach in der Nacht wechseln müssen. Dies ist ein deutliches Zeichen dafür, dass die Nieren durch die anfallenden Säuren überfordert sind. Man sollte dann vermehrt trinken, weil das den Nieren in diesem Fall die Arbeit erleichtert, da die Säuren bei genügender Transportkapazität nicht mehr so stark konzentriert werden müssen. Auch hier sind tägliche Entsäuerungsbäder mit einem pH-Wert von 8,5 sehr hilfreich, weil sie wie eine Ersatzniere wirken und den Körpernieren einen großen Teil der Entgiftungsarbeit abnehmen. Diese Bäder helfen zugleich gegen Schweißfüße (siehe dort). Bei alledem sind eine basische Ernährung und eine basische Nahrungsergänzung unverzichtbar.

Krebs

Die Übersäuerung des Körpers ist auch die Vorbedingung und Grundlage für das Entstehen von Krebs, der immer ein übersäuertes Milieu braucht und sich in alkalischer Umgebung nicht bilden kann. Dies hat insbesondere der Nobelpreisträger Prof. Otto Warburg erforscht. Er entdeckte, dass die Krebszelle überwiegend nach dem Urstoffwechselprinzip der Gärung lebt, sodass die heute übliche, gärungsaktive Kost krebsfördernd wirkt. Die säurebedingte Darmbelastung beschleunigt die Immunschwäche und den Zellzerfall.

In uns allen entstehen zwar Krebszellen, meist mehrfach am Tag, aber ein gesundes Immunsystem erkennt und beseitigt die entarteten Zellen. Erst bei einer oft säurebedingten Immunschwäche kann es zu übermäßiger Vermehrung der Krebszellen kommen. Dabei spielt der Vorgang der Oxidation bzw. die Gärung eine entscheidende Rolle. Die gesunde Körperzelle verbrennt Zucker zu Kohlendioxid, die Krebszelle vergärt Zucker zu Milchsäure und verstärkt damit die Säurebelastung des Körpers und schafft sich so das benötigte übersäuerte Milieu.

Eine Krebszelle ist also eine Zelle, die sich optimal der Übersäuerung des Körpers angepasst hat, und sie ist damit potenziell unsterblich. Allerdings führt dieser Zellegoismus zur Zerstörung des Körpers und damit auch zum Tod der Krebszelle. Die Säurebelastung des Körpers potenziert sich mit der Säureerzeugung der Krebszelle zu einer letztlich irreversiblen Säureüberlastung. Die normale Körperzelle wird unter diesen Umständen immer weniger lebensfähig, die angepassten Krebszellen wuchern immer mehr, bis der Organismus zusammenbricht. Da sich dieses Geschehen im ganzen Körper abspielt, hat die Operation eines Tumors oder eine partielle Bestrahlung bestenfalls eine aufschiebende Wirkung.

Noch immer gibt es keine eindeutige Ernährungsempfehlung für Krebskranke, obwohl es in einer Veröffentlichung des »Nationalen Forschungsrates der USA« sinngemäß heißt: »Ein Arzt, der bei der Krebsbehandlung Ernährungsfaktoren nicht berücksichtigt, macht sich eines Therapiefehlers schuldig.« Da Krebskranke immer einen übersäuerten Körper haben, sollte diese Erkenntnis auch prophylaktisch genutzt und der Körper schon vorbeugend regelmäßig entsäuert werden, damit es gar nicht erst zum Krebs kommen kann, weil er das benötigte saure Milieu nicht vorfindet. Der Naturheiler Rudolf Darmstädter schreibt: »Durch die Neutralisation des Säureüberschusses wird der vitalen Krebszelle gleichsam der Nährboden entzogen, den sie für ein beschleunigtes Wachstum benötigt.« Noch deutlicher wird der Säureforscher Gottfried Segger: »Krebs entsteht nur im sauren Milieu. Und die einzige wirksame Krebsprophylaxe ist eine säurefreie Ernährung. Denn ist das Säure-Basen-Gleichgewicht einmal chronisch gestört, sind die Folgen für den Körper unübersehbar und von großer Tragweite. Von ständiger schlechter Laune, Müdigkeit, Reizbarkeit und Depressionen bis hin zu Rheuma, Arthritis, Allergien, Magen- und Darmbeschwerden, Gebissverfall und dem Säuretod durch Herzinfarkt und Krebs reichen die mannigfachen Folgen!« Prof. Warburg sagt, dass der Krebs die Säurekrankheit Nummer 1 darstellt. Die eigentliche Ursache des Krebses ist die Sauerstoffnot der Zelle. Auch die gefürchteten Metastasen können sich nur bilden, wenn sie ein saures Milieu vorfinden; in einer alkalischen Umgebung können sie sich nicht ansiedeln. Auch Are Waerland, ein bekannter Ernährungsforscher, kommt zu demselben Ergebnis: »So können wir sagen, dass die Übersäuerung eine der Voraussetzungen und Vorstadien des Krebses ist.«

Bei Krebs kann neben der dringend notwendigen Entsäuerung eine Trinkkur mit *Immuvit CH 23** eine entscheidende Hilfe sein, denn die rein pflanzlichen Wirkstoffe stärken nachhaltig das Immunsystem und helfen so dem Körper, sich selbst von entarteten Zellen zu befreien. Das ist besonders *nach* einer Operation wichtig, vielleicht sogar lebenswichtig und entscheidend für den endgültigen Erfolg.

* Siehe Bezugsquellen im Anhang.

Weiterhin ist zu beachten, dass negative Gedanken und destruktive Eindrücke das Immunsystem zusätzlich schädigen. Was uns *sauer* macht, entfernt uns vom Leben und letztlich *aus* dem Leben. So ist es auch wichtig, die entstehenden Konflikte wirklich zu lösen, und das möglichst sofort, ehe ein irreparabler Schaden angerichtet ist. Sorgen Sie daher dafür, dass Sie möglichst gar nicht erst sauer werden, weder psychisch noch körperlich, und Sie haben das Beste getan, um Krebs zu verhindern.

Lebererkrankungen

Die Leber ist die zentrale Leitstelle für das Gleichgewicht des Säure-Basen-Haushaltes. Sie benötigt eine große Menge an Basen für die Herstellung der Galle; dabei ist der Magen durch Kochsalzspaltung der Hauptlieferant. Werden dem Körper mit der Nahrung zu wenig Basen angeboten, muss der Magen mehr Säure produzieren, um die dabei anfallenden Basen liefern zu können. So kommt es durch Basenmangel zu einer Übersäuerung des Magens und zu einer ständigen Überlastung der Leber, sodass sie ihre vielfältigen Aufgaben nur noch unzureichend und irgendwann gar nicht mehr erfüllen kann. Bei einer Leberschwäche ist daher immer als Erstes eine ausreichende Basenzufuhr sicherzustellen. Das geschieht zunächst durch eine basenreiche Ernährung, aber auch durch eine basenreiche Mineralstoffmischung, die Sie in der Apotheke bekommen. So können sich Magen und Leber wieder erholen und ihre Aufgaben so gut erfüllen, dass der ganze Körper aufblüht.

Magenprobleme

Obwohl der Magen selbst natürlicherweise Magensäure produziert, wird auch er durch die Übersäuerung des Körpers geschädigt. Eine Überproduktion an Magensäure führt zu Magenschmerzen oder Magenkrämpfen, saurem Aufstoßen, einer Magenschleimhautentzündung oder gar einem Magengeschwür, aber auch zu Pilzerkrankungen und Mundgeruch.

Ein belasteter Magen reagiert mit häufiger, oft ständiger Übelkeit und Appetitlosigkeit. Kinder verweigern oft deshalb das Essen, weil der Körper bereits übersäuert ist. Oft ist der Magen so belastet, dass er selbst die entlastende Basenmischung anfangs nicht verträgt. Hier ist zunächst die Dosis zu verringern und die Flüssigkeitszufuhr zu steigern. Das Problem verschwindet schon nach wenigen Tagen.

Der gesunde Magen erzeugt doppelt so viel Natron wie Salzsäure. Er ist daher der Hauptbasenproduzent des Körpers. Allerdings reicht die so produzierte Menge nicht aus, um die Übersäuerung durch unnatürliche Nahrung auszugleichen. Wird der Magen durch ständige Übersäuerung und Basenmangel gezwungen, zu viel Magensäure zu produzieren, wird die Magenschleimhaut geschädigt, und es kann zu den genannten Krankheiten kommen. Abhilfe ist hier leicht möglich, indem das gestörte Säure-Basen-Gleichgewicht durch basische Ernährung und basenbildende Nahrungsergänzung wiederhergestellt wird.

Eine weitere Hilfe für Magen-Darm-Geschädigte ist die Heilerde, die bekanntlich Giftstoffe in einem erstaunlich hohen Maße binden kann und auch bei Schwermetallbelastungen hilft. Sehr nützlich ist auch *Aloe vera* (in Apotheken und Drogerien erhältlich), die hier richtige Wunder wirken kann. Sie regeneriert die Schleimhäute erstaunlich schnell, entgiftet die Leber und hemmt Pilze, Parasiten und Viren.

▶ Siehe auch ***Gastritis, Sodbrennen, Verdauungsbeschwerden.***

Müdigkeit

Müdigkeit und schnelle Erschöpfung sind Symptome, die alle übersäuerten Menschen kennen. Oft nimmt ihnen die chronische Müdigkeit alle Lebensfreude, weil jede Aktivität als eine zu große Anstrengung erscheint. Dazu kommen noch Schlafstörungen, Gedächtnisschwäche und Konzentrationsprobleme. Diese Symptome sind die Folge einer ständigen Überreizung des vegetativen Nervensystems durch die Übersäuerung des Körpers. Der Sympathikus steuert das Wachsein und die Reaktionsbereitschaft. Wird er durch ständigen Säurereiz permanent zu Höchstleistungen angetrieben, fehlt die Voraussetzung für eine natürliche Ruhephase. So klagen übersäuerte Menschen oft über fehlende Energie und eine ständige innere Unruhe.

Das alles kann sich in wenigen Tagen ändern, wenn Sie dem Körper eine basenreiche Nahrung bieten und mit einer basischen Nahrungsergänzung das gestörte Säure-Basen-Gleichgewicht wiederherstellen.

▶ Siehe auch ***Antriebsschwäche, Burn-out, Erschöpfung.***

Multiple Sklerose

Die meisten Menschen haben ein übersäuertes Körpermilieu. Das kann dazu führen, dass die empfindlichen Nervenenden so stark belastet sind, dass sie absterben und und die Impulsübermittlung vom Gehirn zu den Muskeln unterbrechen. Zusätzlich kommt es oft auch noch zu *Candida*-Befall. Dieser aggressive Pilz attackiert die körpereigene Immunabwehr, sodass es zu Fehlsteuerungen und Autoaggressionserkrankungen kommen kann, wie Aids und multipler Sklerose. Auch hier spielen negative Gedanken und Vorstellungen eine bisher zu wenig beachtete Rolle. Da das saure Körpermilieu ohnehin zu einer depressiven Grundstimmung führt, ist es hier hilfreich, nicht nur für eine gründliche Entsäuerung des Körpers, sondern auch für eine Entlastung des psychischen Bereichs zu sorgen.

Mund

Die Übersäuerung des Körpers führt im Mund zu Aphten, entzündetem, empfindlichem Zahnfleisch, Reizung der Mandeln und der Rachenschleimhaut, Zahnfleischschwund und Hautrissen im Mundwinkel. Abhilfe schafft die Entsäuerung und die Herstellung eines ausgeglichenen Säure-Basen-Haushalts.

▶ Siehe auch ***Mundgeruch***.

Mundgeruch

Oft lässt sich ein hartnäckiger Mundgeruch weder durch regelmäßiges Zähneputzen noch durch intensive Mundpflege beseitigen. Wenn nicht gerade eine schwere Lebererkrankung mit ihrem typischen Azetongeruch vorliegt, kommt als Ursache oft eine chronische Übersäuerung in Frage. Wird diese durch eine basenreiche Ernährung und zusätzliche basische Nahrungsergänzung beseitigt, sodass das natürliche Säure-Basen-Gleichgewicht wiederhergestellt ist, verschwindet nicht nur der Mundgeruch, sondern auch Leber, Galle, Magen und Darm können sich wieder erholen.

Muskeln

In den Muskeln führt die Übersäuerung zu Krämpfen und Spasmen, zu Weichteilrheumatismus, Gelosen, Hexenschuss und Torticollis (steifem Hals). Auch hier helfen die üblichen Maßnahmen wie Entsäuerung und Wiederherstellung des Säure-Basen-Gleichgewichts.

▶ Siehe auch ***Muskelkater, Weichteilrheuma***.

Muskelkater

Der so genannte Muskelkater ist die Folge einer momentanen Säureflut durch die bei körperlicher Belastung anfallende Milchsäure. Er ist leicht zu verhindern, wenn man *vor* dem Sport, also etwa 2 bis 3 Stunden vorher, durch Einnahme einer Mineralstoffmischung oder von Elektrolytgetränken eine Basenflut im Körper erzeugt. Unmittelbar *nach* dem Sport ist dann ein basisches Vollbad fällig von mindestens einer Stunde Dauer, aber bereits eine Viertelstunde bringt eine deutliche Entlastung. Wenn Sie das gründlich durchführen, können Sie jeden Muskelkater vermeiden.

▶ Siehe Auch ***Übersäuerung durch Sport***.

Muttermale

Muttermale sind »Mini-Entsäuerungsmaßnahmen« des Körpers. Sie zeigen an, dass eine Säureüberflutung über einen längeren Zeitraum stattgefunden hat und dass der Körper die neutralisierten Schlacken bis an die Grenze seiner Möglichkeiten aus dem Körper entfernt hat. Gleichzeitig sind sie ein Hilferuf des Körpers nach geeigneten Entsäuerungsmaßnahmen.

Mykosen

Ein übersäuerter Körper bietet verschiedenen pathogenen Pilzen ein ideales Milieu und begünstigt z. B. die Besiedlung mit *Candida albicans* oder Soorpilz, von dem eine zusätzliche Säurebelastung ausgeht. Auch hierfür ist die regelmäßige und gründliche Entsäuerung des Körpers unverzichtbar, um den pathogenen Pilzen die Grundlage zu entziehen.

▶ Siehe auch ***Pilzinfektionen***.

Nägel

Durch die Übersäuerung kommt es zu brüchigen Nägeln. Sie werden weicher, spalten, furchen oder verdicken sich. Es entstehen Rillen und weiße Flecken. Die Wiederherstellung des Säure-Basen-Gleichgewichts schafft Abhilfe.

Nervensystem

Das Nervensystem ist durch die Übersäuerung ständig belastet. Reizbarkeit, erhöhte Schmerzempfindlichkeit, Antriebslosigkeit, leichte Ermüdbarkeit, hartnäckige und wandernde Neuralgien und Schlafstörungen können die Folge sein. (Siehe unter dem jeweiligen Stichwort.) Wenden Sie die beschriebenen Methoden der Entsäuerung an.

Neuralgien

Das Bindegewebe umgibt die Nerven mit einer schützenden Hülle und ist gleichzeitig bei einer Säureüberlastung der Hauptsäurespeicher des Körpers. So ist es verständlich, dass eine Übersäuerung des Körpers immer auch die Nerven betrifft. Oft ist die Säurebelastung so hoch, dass Säure ebenfalls in den Muskeln abgelagert wird und dort zu Muskelverkrampfungen führt, wodurch Nerven schmerzhaft eingeklemmt werden können. Neuralgien müssen daher als Hilferuf der ständig überreizten Nerven erkannt werden. Wenn Sie sofort für eine Basenflut sorgen, im akuten Fall durch Einnahme eines leicht gehäuften Teelöffels Natron, in reichlich Wasser gelöst, klingen die Schmerzen innerhalb von ganz kurzer Zeit wieder ab. Anschließend sollte durch eine basenreiche Ernährung das gestörte Säure-Basen-Gleichgewicht wiederhergestellt und durch eine basenbildende Nahrungsergänzung beständig eingehalten werden. Basische Vollbäder können diese Maßnahme sinnvoll unterstützen und den Erfolg deutlich beschleunigen.

Nierenerkrankungen

Fast alle Nierenerkrankungen sind mit einer Übersäuerung des Körpers verbunden, was mit Teststreifen leicht nachzuweisen ist und was jeder selbst feststellen kann. Denn die Nieren leisten den größten Teil der Ausscheidungsarbeit überflüssiger und schädlicher Säuren aus dem Körper. Auch ist darauf zu achten, dass ausreichend Zink zur Verfügung steht, denn bei Zinkmangel kann das Enzym Carboanhydrase, das für die Säureausscheidung wichtig ist, nur unzureichend gebildet werden. Je übersäuerter der Körper ist, desto weniger können die Nieren ausscheiden, wodurch ein Teufelskreis in Gang gesetzt wird. Durch zu hohen Säureanfall können die Nieren zu wenig ausscheiden, was die Übersäuerung des Körpers erhöht, weshalb dann noch weniger ausgeschieden werden kann. In jedem Fall sollten Sie ausreichend trinken, um den Nieren die Arbeit zu erleichtern; das heißt: im Normalfall mindestens 2,5 Liter pro Tag, bei Belastung entsprechend mehr.

Auch Reizungen, Brennen beim Wasserlassen, Nieren- und Blasensteine sind ein deutlicher Hinweis auf einen übersäuerten Urin. Hier ist es wichtig, dass man nicht nur die Flüssigkeitsmenge deutlich erhöht, sondern auch die Menge der Basenmischung, die man zur Entsäuerung einnimmt. Weniger als einen gehäuften Teelöffel sollte man ohnehin nie nehmen, da sonst die Menge der säurebindenden Basen nicht ausreicht, um die vorhandene Säuremenge zu neutralisieren und die Nieren in ihrer Entgiftungsfunktion zu unterstützen. Dann fühlt man sich nicht wohl und könnte auf die Idee kommen, die Entsäuerung bekomme einem nicht; dabei reicht sie nur nicht aus, um wirklich zu helfen.

Osteoporose

Bevor Säuren aus dem Körper ausgeschieden werden können, müssen sie durch Basen neutralisiert werden. Stehen nicht genügend Basen aus der Nahrung zur Verfügung, muss der Körper auf seine Reserven zurückgreifen, vor allem auf die Knochen mit ihrem hohen Kalziumgehalt. Kalzium spielt im Körper eine wichtige Rolle. Es regelt die Herztätigkeit, die Erregbarkeit der Muskeln und Nerven und die Blutgerinnung. Der größte Kalziumspeicher des

Körpers ist sein Knochensystem; allerdings hat es auch dort eine wichtige Funktion, wobei die Entnahmen zunächst unbemerkt bleiben. Mit jeder Säurespitze, bei der der Körper auf seine Reserven zurückgreifen muss, geht etwas Knochensubstanz verloren, und es kommt schließlich zur Osteoporose.

Das Wort Osteoporose bedeutet »poröse Knochen« und beschreibt damit genau die Situation. Besonders Frauen nach den Wechseljahren sind gefährdet, weil sie im Durchschnitt nur etwa 600 bis 700 mg Kalzium täglich aufnehmen, das ist nur die Hälfte des tatsächlichen Bedarfs. Kalziumräuber sind vor allem Alkohol, Nikotin, Koffein und Zucker, die alle zu einer sauren Stoffwechsellage führen. Die Osteoporose ist also keine Verschleißerscheinung und hat ihren Ursprung oft schon in der Kindheit. Unzureichende Kalziumaufnahme in der Kindheit führt dazu, dass die optimale Knochendichte gar nicht erst erreicht wird, wodurch keine ausreichenden Reserven gebildet werden. Für den Aufbau der Kalziumreserven spielt das organisch gebundene Kalzium aus Gemüsen eine besonders wichtige Rolle. Kalzium aus Milch und Milchprodukten kann weniger leicht aufgenommen werden. Neben Kalzium braucht der Körper auch ausreichend Vitamin C, um die Knochenstabilität zu erhöhen, denn Vitamin C fördert die Bildung von Prokollagen und Kollagen, Grundlagen für die Bildung von Knochensubstanz.

Die Osteoporose macht sich bei Frauen oft schon vor den Wechseljahren durch Rückenschmerzen, einen Rundrücken und einen vorgeschobenen Bauch bemerkbar, besonders bei jahrelangem Östrogenmangel. Hier sollte man unbedingt einmal die Knochendichte messen lassen.

Im Vormarsch ist auch die juvenile Osteoporose, die durch einen langjährigen Mangel an Kalzium, Magnesium, Gerüstsubstanzen, besonders Kollagen, und hormonelle Fehlsteuerung verursacht wird. Der häufige Missbrauch von Abführmitteln und einseitige Diäten fördern die Ausschwemmung der wichtigen Mineralstoffe und Elektrolyte noch. Die zunehmende Übersäuerung schädigt nachhaltig die Nebennierenfunktion, die besonders wichtig ist, damit der Einbau von Mineralstoffen in den Knochen überhaupt erfolgen kann. Sinkt der Hormonspiegel, wird die Osteoporose beschleunigt. Auch Alkohol behindert die Eiweißsynthese, bei der die elastische Substanz für die Knochen gebildet wird. Schokolade und Kakaogetränke entziehen durch ihren hohen Anteil an Oxalsäure Kalzium aus den Knochen. Aber auch Kaffee, Speiseeis, Fertigpudding und Fertigsaucen sowie gekochter Spinat oder Rhabarber beschleunigen diesen Vorgang weiter. Süße Desserts schaffen einen idealen Nährboden für den *Candida*-Pilz, der die Darmflora stark schädigt, sodass keine ausreichende Kalziumresorption erfolgen kann. Alles das treibt die Entwicklung der Osteoporose weiter voran.

Besonders Frauen leiden, oft ständig, an Verstopfung. Das zeigt, dass der Darm nicht mehr ausreichend arbeitet, und führt dazu, dass die Kalziumaufnahme des Körpers drastisch vermindert wird, sodass die wegen der Übersäuerung des Körpers ausgelaugten Knochen nicht mehr remineralisiert werden. Dann bleibt meist auch eine gezielte zusätzliche Kalziumeinnahme wirkungslos, weil der Darm das Kalzium nicht aufnehmen kann. Hier ist eine Colon-Hydrotherapie* anzuraten, um den belasteten Darm zu reinigen und in seiner Funktion zu stärken. Die ständige Verstopfung macht es sonst erforderlich, dass abführende

* Fragen Sie Ihren Arzt oder Heilpraktiker.

Mittel genommen werden, die aber ihrerseits Mineralräuber sind und die Osteoporose nochmals beschleunigen.

Solange die Aufnahme durch den Darm behindert ist, ist die Remineralisierung durch die Haut umso wichtiger, vielleicht lebenswichtig. Zu empfehlen sind basische Vollbäder mit einem pH-Wert von 7,5 bis 8,5 und von mindestens einer Stunde Dauer, besser 2 bis 3 Stunden, bei einer Temperatur von etwa 35 bis 38° C (nicht zu warm, damit der Kreislauf nicht belastet wird). Außerdem kann man sein Nachthemd und seine Socken in einer basischen Lösung tränken, leicht auswringen, trocknen und über Nacht tragen. So bekommt der Körper zusätzlich über einen längeren Zeitraum eine Basenflut und kann sich remineralisieren und regenerieren.

▶ Siehe auch ***Knochengerüst, Wechseljahrbeschwerden.***

Parodontose

Die Parodontose gehört zu den leicht vermeidbaren Belastungen des Körpers, denn auch sie ist keine eigentliche Krankheit, sondern die Folge eines Mangels im Körper. Besonders die Übersäuerung schwächt das Gewebe, aber auch ein Mangel an Vitamin C. Wird der Körper regelmäßig und gründlich entsäuert und remineralisiert und bekommt er genügend kollagenbildendes Vitamin C, das heißt etwa 3 Gramm am Tag, in mehreren Dosen über den Tag verteilt, werden Sie erleben, wie sich die Parodontose von Tag zu Tag mehr zurückbildet. Dann haben Sie bald wieder ein straffes Zahnfleisch, und die Parodontose kehrt nie mehr zurück.

▶ Siehe auch ***Zähne.***

Pickel

Obwohl diese Symptome auf der Haut in Erscheinung treten, sind sie eigentlich keine Hautkrankheit, sondern eine Folge der Übersäuerung des Körpers, der versucht, giftige und ätzende Stoffe über seine äußere Grenze, die Haut, auszuscheiden. Auch die Akne sollte als Zeichen einer Übersäuerung des Körpers erkannt werden. Hier helfen basische Vollbäder mit einem pH-Wert von 8,5, die durch eine basische Ernährung und entsprechende Nahrungszusätze ergänzt werden sollten. Der Erfolg wird in wenigen Tagen sichtbar, wobei schon nach dem ersten Basenbad auffällt, dass die Haut weich und glatt wird.

▶ Siehe auch ***Hautkrankheiten***.

Die Pille

Die Pille mag bei der Verhütung ein Fortschritt sein, aber eine nicht bedachte, schwer wiegende Nebenwirkung ist der Abbruch der natürlichen Säureausscheidung durch die ausbleibende oder verringerte Monatsblutung. Die dadurch bedingte Übersäuerung des Körpers führt zu unreiner Haut, vor allem aber zu Zellulitis. Außerdem verursacht der Säurestau Kopfschmerzen und Migräne. Die dann meist eingenommenen Schmerzmittel enthalten meist Acetylsalicylsäure und verstärken noch die Übersäuerung, was vermehrt zu Kopfschmerz und Migräne führt.

Wird die Pille abgesetzt, weil eine Schwangerschaft erwünscht ist, bleiben viele trotzdem kinderlos, weil der übersäuerte Körper nicht empfangsbereit ist. Wenn doch, wird das Kind in eine stark belastete Umgebung im Mutterleib gezeugt, was zu gesundheitlichen Schäden schon beim Ungeborenen führt, zumindest zu einer starken Belastung.

Der Säurestau durch die Einnahme der Pille führt oft auch zu einer deutlichen Gewichtszunahme, weil der Körper die gestauten Säuren durch Zurückhaltung von Wasser zu mildern versucht, was auch zu Ödemen führen kann. Wenn Sie die Pille nehmen, ist es daher unerlässlich, besonders streng und regelmäßig zu entsäuern, weil der Körper sein natürliches Ventil durch die Einnahme der Pille verloren hat. Ist eine Schwangerschaft erwünscht, sollte bereits Monate vorher für einen natürlichen Säure-Basen-Ausgleich gesorgt werden, damit das Ungeborene in einer förderlichen Umgebung aufwachsen kann und sein Leben ohne gesundheitliche Belastungen beginnt.

▶ Siehe auch ***Kinderlosigkeit, Schwangerschaft.***

Pilzinfektionen

Bedingt durch die ständige Übersäuerung des Körpers, leiden inzwischen fast alle Menschen an Pilzinfektionen verschiedenster Art, wodurch z. B. die natürliche Bakterienbesiedlung des Darmes zunehmend beeinträchtigt wird. Vor allem die Belastung durch den Pilz *Candida albicans* spielt dabei eine große Rolle, denn er scheidet Giftstoffe ab, die im gesamten Körper wirken und die Übersäuerung zusätzlich steigern. Hier wirkt eine konsequente Entsäuerung geradezu Wunder, besonders wenn sie mit milchsauren Nahrungsmitteln wie Jogurt ergänzt wird. Zwei Becher Biojogurt ohne Zusätze täglich über eine Woche bringen schon eine spürbare Besserung. Am besten machen Sie einmal eine Jogurtkur über vier Wochen, mit zwei Bechern Biojogurt täglich, zusätzlich zu Ihrer üblichen Nahrung, wobei Sie ruhig gelegentlich eine Mahlzeit weglassen können. Diese Jogurtkur ist so wirksam, dass es sie eigentlich auf Krankenschein geben sollte.

▶ Siehe ach ***Mykosen***.

Polyarthritis

Der Körper versucht immer anfallende Säuren durch Basen zu neutralisieren und auszuscheiden. Ist der Säureüberschuss jedoch zu hoch und das Angebot an Basen zu gering, muss er die Säuren im Bindegewebe zwischenlagern, bis irgendwann genügend Basen zur Verfügung stehen. Ist die Speicherkapazität des Bindegewebes erschöpft, werden überschüssige Säuren notgedrungen auch in den Muskeln und Gelenken abgelagert. Im Bindegewebe werden die Säuren an das Kollagen gebunden, während die Säuren in anderen Teilen des Körpers zuerst in Salze umgewandelt werden müssen. Diese Salze aber sind es, die wahrscheinlich die rheumatische Entzündung der Gelenke verursachen, zumindest aber deutlich steigern. Wenn Sie an Polyarthritis leiden, kann es sehr hilfreich sein, einmal Ihre täglichen Mahlzeiten aufzuschreiben. Sie werden sehr bald einen direkten Zusammenhang finden zwischen saurer Ernährung und den unregelmäßig auftretenden Schmerzschüben. Ganz besonders bei der Polyarthritis sind Basenbäder unverzichtbar, am besten anfangs täglich, später dreimal wöchentlich 2 bis 3 Stunden, je länger, desto besser, bei einem pH-Wert von 8,5, den Sie durch Natronzusatz schaffen. Begleitend dazu eine basenreiche Ernährung und basische Nahrungsergänzung. Ihr Körper wird es Ihnen danken.

▶ Siehe auch ***Arthritis, Gelenke***.

Potenzstörungen

Eine unerwartete und meist sehr erfreuliche Nebenwirkung der regelmäßigen Entsäuerung des Körpers sind das Ansteigen der Libido und das Verschwinden von oft schon jahrelang andauernden Potenzstörungen. Beide Wirkungen treten oft schon in den ersten Tagen der intensiven Entsäuerung auf. Das wird verständlich, wenn man bedenkt, dass die Potenzstörungen oft auf eine ungenügende Funktion der Drüsen zurückzuführen sind, die durch die Entsäuerung unmittelbar entlastet und gefördert werden. Bei Prostatabelastungen ist außerdem darauf zu achten, dass dem Körper genügend Zink angeboten wird, denn oft besteht ein deutlicher Zinkmangel. Sie werden überrascht sein, wie gut Ihr Körper noch funktioniert, wenn Sie ihm etwas dabei helfen.

Prämenstruelles Syndrom

Der weibliche Organismus kann in der monatlichen Blutung seine Säuren auf natürliche Weise ausleiten. Bis zum Beginn der Blutung werden die anfallenden und auszuscheidenden Säuren im Körper »geparkt«. Kurz vor der Monatsblutung bildet sich durch saure Nahrung, Schmerzmittel, unzureichende Bewegung und flache Atmung oft eine starke Übersäuerung, die zu Migräne, Gereiztheit oder Depressionen (siehe dort) führen kann. Deshalb klagen viele Frauen unmittelbar vor den Tagen über Unwohlsein, einen geschwollenen Bauch, geschwollene Knöchel oder gar über eine Gewichtszunahme, weil der Körper zur Säureverdünnung bereits zu einem Wasserstau gezwungen ist. Je mehr Schadstoffe auszuscheiden sind, desto länger dauert die Monatsblutung – auch dies eine sinnvolle Maßnahme des Körpers. Sobald die Regel eingesetzt hat, werden die Säuren ausgeleitet, der Wasserstau und die damit verbundene Gewichtszunahme verschwinden, und auch die Symptome des prämenstruellen Syndroms klingen ab.

Diese unangenehmen Symptome lassen sich vermeiden, wenn über den ganzen Monat ein Säure-Basen-Ausgleich geschaffen und eingehalten wird. Dann gibt es keine Gereiztheit mehr vor den Tagen, vergessen ist die Migräneanfälligkeit, und es kommt nicht mehr zur Gewichtszunahme durch Flüssigkeitsstau. Die Angst vor den Tagen wird ersetzt durch ein gesteigertes Wohlgefühl und mehr Lebensfreude.

▶ Siehe auch ***Kopfschmerzen, Depressionen***.

Reizbarkeit

Immer mehr Menschen leiden an einer ständigen Gereiztheit, die sie schon bei den geringsten Anlässen aus der Haut fahren lässt. Dies ist eine der vielen Nebenwirkungen einer Übersäuerung des Körpers, denn durch den hohen Säureanfall wird der Sympathikus ständig überreizt und es wird zu viel Adrenalin und Thyroxin ausgeschüttet, was zur Unbeherrschtheit und Aggressionen führt. Durch eine regelmäßige Entsäuerung ändert sich die Stimmungslage innerhalb weniger Tage. Man wird gelassener, ruhiger, heiterer, und die Lebensqualität wird deutlich gesteigert.

▶ Siehe auch ***Prämenstruelles Syndrom***.

Rheuma

Rheumatismus wird oft durch eine hohe Säurebelastung des Körpers verursacht. Er wird besonders gefördert durch einen überhöhten Konsum von Eiweiß, das nicht verwertet werden kann und dessen Endprodukte (Säuren) vom Körper durch Basen neutralisiert und ausgeschieden werden müssen. Stehen ausreichende Basen nicht zur Verfügung, bleiben diese Säuren im Körper und werden im Gewebe abgelagert, sodass jede Bewegung schmerzt. Das Ergebnis sind Muskelverhärtungen und chronische Schmerzen. Diese Beschwerden können durch eine basenreiche Ernährung ganz beseitigt oder deutlich verringert werden.

Immer wieder weisen Naturheilärzte auf die positive Wirkung der Entsäuerung des Körpers bei Rheuma hin. Der Zusammenhang zwischen therapeutischer Basenflut und oft sofortiger Schmerzlinderung ist so unübersehbar, dass bei allen rheumatischen Erkrankungen die erste Maßnahme die Entsäuerung sein sollte. Dazu sollten zunächst einmal Schweinefleisch, fetter Käse und Eier aus dem Speiseplan völlig gestrichen werden, um die schlimmsten Belastungen zu vermeiden, dann aber sollte die Ernährung Schritt für Schritt auf einen ständigen Basenüberschuss ausgerichtet werden. Außerdem haben Rheumatiker einen stark erhöhten Bedarf an Spurenelementen, dem durch eine passende Nahrungsergänzung entsprochen werden sollte.

Hier eine Liste der wichtigsten Maßnahmen zur Beseitigung rheumatischer Ablagerungen und Beschwerden:

- Reduzieren Sie Ihre Eiweißaufnahme, insbesondere den Fleischkonsum.
- Essen Sie keine Konserven mehr, sondern nur noch frische, natürliche Nahrung, besonders viel Obst, Gemüse und Salate.
- Sorgen Sie für eine gründliche Darmsanierung durch Darmspülungen und für den Wiederaufbau einer gesunden Darmflora.
- Trinken Sie mehrmals täglich Gemüsesäfte oder Gemüsebrühe und entschlackende Kräutertees. Basische Tees sind: Brennnessel, Johanniskraut, Schafgarbe und Zinnkraut. Ein besonders starker Säurelöser ist die »Teufelskralle«, die es in Kapseln oder als Tonikum gibt.
- Meiden Sie den Aufenthalt in kalten, feuchten Räumen, Zugluft und den Umgang mit kaltem Wasser.
- Besonders schnelle Hilfe bringen basische Vollbäder mit einem pH-Wert von 7,5 bis 8,5, der durch Zugabe von Natriumbikarbonat erreicht wird. Um bei Rheuma hilfreich zu sein, sollte ein solches Vollbad mindestens 2 Stunden dauern, kann aber unbedenklich auch noch länger ausgedehnt werden, wobei das Wasser nicht zu heiß sein sollte, um den Kreislauf nicht unnötig zu belasten. Ein solches Basenbad bringt meist schon bei der ersten Anwendung eine deutliche Hilfe, oft sogar fast vollständige Schmerzfreiheit und kann täglich wiederholt werden.

Rückenschmerzen

Ist die Übersäuerung des Körpers so weit fortgeschritten, dass Säuren auch in den Muskeln abgelagert werden müssen, sind Muskelschmerzen, besonders Rückenschmerzen die Folge. Werden jedoch Basen zugeführt, lösen sich die verspannten und verhärteten Muskeln wieder, und die Schmerzen verschwinden. Die Basen sollten in einer physiologischen, also körpergerechten Mischung genommen werden, denn der Körper braucht nicht von allem gleich viel, um optimal zu reagieren.

Ergänzend kann eine Rückenmassage hilfreich sein, zumal wenn die Muskeln zusätzlich regelmäßig trainiert werden, damit sie die Wirbelsäule wirksam stützen können und so die Haltung optimieren. Durch die körperliche Aktivität werden nicht nur die Muskeln bewegt, wodurch die eingelagerten Säuren leichter und schneller entfernt werden, sondern es wird auch die Atmung verbessert, wodurch mehr Kohlensäure ausgeschieden wird, was die Säureentlastung weiter verbessert.

Auch hier sind Basenbäder zu empfehlen, verbunden mit einer basischen Ernährung. Ebenso wichtig ist es, die allgemeine Lebensfreude durch geeignete Maßnahmen zu fördern, denn sie ist bei Rückenschmerzen das wirksamste Medikament. Zur Steigerung der Lebensqualität insgesamt gehört auch, ausreichend Zeiten der Muße zu schaffen, Zeiten, in denen Sie nichts tun, als einfach nur zu leben.

▶ Siehe auch ***Bandscheibenprobleme***.

Schlafstörungen

Da Übersäuerung eine ausgesprochen aufreizende Wirkung auf den Körper hat, wird verständlich, dass hartnäckige Schlafstörungen oft schon durch die Entsäuerung des Körpers verschwinden. Die Übersäuerung verhindert, dass der Körper in eine natürliche Entspannung kommen kann, und hält den Sympathikus auch dann in einem Zustand dauernder Anspannung und Leistungsbereitschaft, wenn das gar nicht gewünscht wird. Andererseits stellt sich als Reaktion allmählich eine lähmende Müdigkeit ein, bei der man trotzdem keinen wirklich erholsamen Schlaf findet. Sollten Sie also unter Schlaflosigkeit leiden, kann eine gründliche Entsäuerung in vielen Fällen Abhilfe schaffen.

Schlaganfall

Auch der Schlaganfall ist nach neueren Erkenntnissen eine Übersäuerungsfolge, ähnlich dem Herzinfarkt, denn beide entstehen durch eine örtlich begrenzte Blockade der Durchblutung, vorwiegend der Gewebskapillaren. Zwar tritt ein Schlaganfall »schlagartig« ein, aber der akuten Katastrophe geht eine oft jahrelange Übersäuerung voraus, die immer wieder einmal zu vorübergehenden Störungen führt. Werden diese Warnzeichen erkannt, kann die Katastrophe abgewendet werden. Tritt sie aber ein, führt sie zu einer ständigen Selbstverschlechterung und Ausweitung des Geschehens. Ihre Folgen treffen vor allem die beiden Organe mit dem höchsten Stoffwechselbedarf und -umsatz, Hirn und Herz. Eine ausführliche Darstellung dieser Vorgänge und der möglichen therapeutischen Maßnahmen finden Sie im vorderen Teil des Buches (Kapitel 3).

▶ Siehe auch ***Blutdruck, Herzinfarkt***.

Schwangerschaft

Während der Schwangerschaft stellen die Schadstoffe und Schlacken im Körper der Mutter eine große Belastung für das wachsende Leben dar. Die Folge davon sind unzählige Kinder unserer Tage, die mit Missbildungen, mit Krebs oder Neurodermitis, mit Schuppenflechte, Allergien oder ähnlichen Leiden geboren werden. Auch die Zahngifte und Medikamentenrückstände der Mutter, ebenso wie die Schlacken aus der Übersäuerung des Körpers, werden in das wachsende Leben hinein »entsorgt«. Doch auch in dem jungen Körper selbst fallen Säuren an, die neutralisiert werden müssen, und dazu braucht er ein reichliches Angebot an Mineralstoffen und Spurenelementen. Harmlos dagegen sind die Schwangerschaftsstreifen bei der Mutter, ein Hautsubstanzverlust durch mangelnde Mineralstoffe.

Vor und während einer Schwangerschaft gebietet daher die Achtung vor dem werdenden Leben, dass die Frau sich gründlich entsäuert und remineralisiert, gesund ernährt und für einen Basenüberschuss im Körper sorgt, zum Segen für sich und ihr Kind.

▶ Siehe auch ***die Pille***.

Schweißfüße

Wird die Säureflut so groß, dass die natürlichen Ausscheidungsorgane eine Entsäuerung nicht mehr schaffen können, versucht der Körper über die Füße als »Ersatznieren« seine Aufgabe zu erfüllen. Bei besonders starken Schweißfüßen sollten die Nieren untersucht werden, da eine eingeschränkte Nierenfunktion vermutet werden kann. Wenn die Füße auch noch »brennen«, ist der Fleischkonsum drastisch einzuschränken, insbesondere Schweinefleisch darf gar nicht mehr gegessen werden, weil die dabei anfallende Schwefelsäure zu dem Brennen der Füße führt.

Hilfe bringen hier tägliche basische Fußbäder mit einem pH-Wert von 8,5 durch Zugabe von Natriumbikarbonat, erhältlich in jeder Apotheke und Drogerie. Diese Fußbäder bringen nicht nur das Problem der Schweißfüße zum Verschwinden, sie entlasten und reinigen außerdem den ganzen Körper. Noch wirkungsvoller wären allerdings basische Vollbäder, wobei die Dauer eine entscheidende Rolle spielt. Ein Bad unter einer Stunde bringt noch nicht die volle Wirkung, es sollten mindestens 2 bis 3 Stunden sein. Erst dann kann die Entlastung und Reinigung des Körpers zuverlässig erfolgen.

Sodbrennen

Der Magen bildet in seinen Belegzellen die zur Verdauung benötigte Salzsäure, indem er aus Kochsalz, Kohlensäure und Wasser in einer biochemischen Reaktion Salzsäure und Natriumbikarbonat gewinnt. Das Natriumbikarbonat geht ins Blut und wird von den Organen, die Basen benötigen, wie Leber, Galle, Bauchspeicheldrüse und Dünndarm, aufgenommen. Benötigen diese Organe mehr Basen, muss der Magen mehr Natriumbikarbonat herstellen, wodurch gleichzeitig eine übermäßige Salzsäureproduktion entsteht, und diese spürt man dann als Sodbrennen. Es tritt nicht mehr auf, wenn man sich basisch ernährt und dem Körper einmal täglich eine Basenflut anbietet, sodass alle Organe im optimalen Bereich arbeiten können.

Manchmal kann Sodbrennen auch auftreten, nachdem man gerade ein Basenpräparat genommen hat, und es könnte der Eindruck entstehen, dass dies dem Körper nicht bekommt. Das Gegenteil ist der Fall. Sobald Basen reichlich angeboten werden, nutzt der Körper die Gelegenheit, um seine gespeicherten Säuren loszuwerden, und das kann so überschießend geschehen, dass man es als Sodbrennen spürt. In einem solchen Fall sollte man nicht die so dringend benötigten Basen absetzen, sondern gleich noch einmal eine Dosis Basen nehmen. Dann wird das Sodbrennen verschwinden, weil die frei gewordene Säure damit neutralisiert wird.

▶ Siehe auch ***Magenproblem*e**.

Stimmungsschwankungen

Durch die Übersäuerung des Körpers ist nicht nur die Leistungsfähigkeit deutlich reduziert, sondern man ist auch wenig belastbar und Stimmungsschwankungen ausgesetzt. Hier hilft eine Entsäuerung in wenigen Tagen, und Sie werden sich wie neugeboren fühlen, mit einer Lebensfreude, die Sie vielleicht schon lange vermisst haben. Sie waren einfach nur zu lange sauer. Genießen Sie Ihr neues Leben.

▶ Siehe auch ***Depressionen***.

Stressanfälligkeit

Es gibt zwei Arten von Stress, den *Eustress*, den wir alle für unsere normale Aktivität, die wir Leben nennen, brauchen, und den *Disstress*, der zu einer Überforderung führt, zu einem »Überdrehtsein«, das letztlich jede Tätigkeit unmöglich macht. Die Unfähigkeit des Organismus, mit solchem Stress umzugehen, kann daher kommen, dass der Körper durch eine ständige Übersäuerung immer auf zu hohen Touren läuft, was einen Großteil der Lebensenergie verbraucht, ohne dass damit etwas erreicht wird. Die Übersäuerung verschiebt die natürliche Ausgeglichenheit zu Gunsten des Sympathikus und erhöht damit unnötig die Grundbelastung. Sobald durch eine gründliche Entsäuerung die Harmonie wiederhergestellt wird, verschwindet diese erhöhte Stressanfälligkeit; Sie sind wieder belastbar und bereit, sich am Leben zu erfreuen.

▶ Siehe auch ***Erschöpfung***.

Tennisarm

Hätten Sie gedacht, dass auch ein so genannter Tennisarm ein eindeutiges Zeichen für eine Übersäuerung des Körpers ist? Wie beim Weichteilrheuma lagert der Körper überschüssige Säuren irgendwann auch in der Sehnenscheidewand und den Sehnenansätzen ab, weil dort eine hohe Basenkonzentration ist. Diese Ablagerung aber verbraucht die Basen, lässt die Sehnenscheidewand rau und Bewegungen zunehmend schmerzhaft werden. Auch der Handwurzelkanal und die Schleimbeutel können betroffen sein. Eine wirkliche Heilung ist auch hier nur möglich, wenn die eigentliche Ursache, die Übersäuerung des Körpers, erkannt und durch Umstellung auf eine basenreiche Ernährung beseitigt wird, mit basischen Nahrungsergänzungsmitteln, die zu einer täglichen Basenflut führen sollten.

▶ Siehe auch ***Weichteilrheuma***.

Übergewicht

Übergewicht ist nicht nur optisch ein Mangel, sondern auch gesundheitlich ein Risiko. Die Fettzellen haben die Eigenschaft, Gifte zu binden, sodass die Fettpolster schnell zu »Sondermülldeponien« werden. Die damit verbundenen seelischen Belastungen führen zu einer Konditionierung für Krankheiten aller Art. Das reicht von der eingeschränkten Belastbarkeit über Grippe, Rheumaanfälle, Furunkel und Niereninsuffizienz bis hin zum Krebs. Besonders gefährlich werden diese Sondermülldeponien bei einer wirkungsvollen Diät zum Abnehmen, denn dann werden große Mengen der bisher neutralisierten Säuren wieder aktiviert und kommen sehr plötzlich in den Kreislauf, was den Körper einfach überfordern kann, bis hin zum Kollaps, Herzinfarkt oder Gehirnschlag. Deshalb sollten Sie *vor* einer beabsichtigten Diät unbedingt den Körper gründlich entsäuern.

Unser Körper braucht ständig Energie, auch beim Abnehmen, und er greift immer auf die am leichtesten verfügbare Energiequelle zurück. Das heißt, so lange Sie Zucker essen, wird die Verbrennung von Fett gestoppt. Außerdem wird durch Übersäuerung der Körper geradezu gezwungen, immer neue Fettzellen zu bilden, um mit der Flut von nutzlosen, aber giftigen Stoffen fertig zu werden. Der erste Schritt, um Übergewicht abzubauen, ist daher immer die gründliche Entsäuerung des Körpers.

Wir unterscheiden zwei Arten von Dicksein, die »Fettdicken«, die ihr Übergewicht durch übergroße Fettzellen haben, und die »Wasserdicken«, bei denen der Körper zur Säureverdünnung Wasser gespeichert hat – sie haben ein »Ganzkörperödem«. Entsprechend erfordert das Abnehmen ganz unterschiedliche Maßnahmen, wobei die Entsäuerung in beiden Fällen hilft. Die »Fettdicken« müssen ihre Kalorienaufnahme reduzieren und den Kalorienverbrauch durch ausreichende Bewegung steigern, um abzunehmen. Die »Wasserdicken« werden allein durch die gründliche Entsäuerung erstaunlich schnell und leicht abnehmen.

Diese Entlastung Ihres Körpers macht Energien frei, sodass Ihnen die Lösung Ihrer Alltagsaufgaben deutlich leichter von der Hand geht und Sie wieder Dinge anpacken, die Sie sich vorher nicht mehr zugetraut hätten. Letztlich wird sich Ihr ganzes Leben dadurch positiv verändern.

Übersäuerung durch Sport

Durch die sportliche Betätigung entsteht im Muskel viel Milchsäure. Diese muss durch Mineralstoffe neutralisiert werden, weshalb es sinnvoll ist, *vor* dem Sport Mineralien prophylaktisch einzunehmen und so eine Basenflut im Körper zu erzeugen. Auf diese Weise kann der größte Teil der anfallenden Milchsäure *sofort* neutralisiert werden. Unmittelbar nach dem Sport empfiehlt es sich, ein basisches Körperbad zu nehmen, um die restliche Milchsäure zu neutralisieren und einen möglichen Muskelkater zuverlässig zu vermeiden. Das geht so schnell, dass sich eine Fußballmannschaft sogar in der Pause auf diese Weise wieder fit machen könnte und sollte. Wenn man diese Hinweise beachtet, wird der Sport wirklich eine Wohltat für den Körper.

▶ Siehe auch ***Muskelkater***.

Unterschenkelgeschwür

Ein Unterschenkelgeschwür zeigt einen Säurestau im Körper und ist ein letzter Hilferuf des Körpers, bevor es zu einer totalen Vergiftung kommt. Das Unterschenkelgeschwür öffnet ein »Notventil«, wo kein anderes mehr da ist, aber dringend eines gebraucht wird, und dieses Ventil sollte auf keinen Fall geschlossen werden. Das Schlimmste wäre in einem solchen Fall eine Hauttransplantation. Das einzig Sinnvolle ist eine sofortige, konsequente und ausdauernde Entsäuerung des Körpers mit basischen Vollbädern, entschlackendem Tee und einer basischen Ernährung sowie reichlich Basen als Nahrungsergänzung. Schon in wenigen Tagen zeigt sich zuverlässig der Erfolg, und in einigen Wochen ist das Geschwür von selbst verschwunden, so wie es gekommen ist.

Verdauungsbeschwerden

Stehen dem Körper nicht mehr genügend Basen zur Verfügung, um den aus dem Zwölffingerdarm austretenden Speisebrei zu neutralisieren, kann die Verdauung durch die basischen Säfte von Galle und Bauchspeicheldrüse nur unzureichend erfolgen, und so gelangt ungenügend verdaute Nahrung in die folgenden Darmbereiche und behindert deren Tätigkeit. Es kommt zu einer Selbstvergiftung des Körpers durch Ansiedlung falscher Bakterien, zu Verstopfung und Mundgeruch, der auch mit gründlicher Zahnpflege nicht zu beseitigen ist. Bei einer durch Übersäuerung bedingten Verstopfung können Abführmittel nur vorübergehend und scheinbar helfen, solange das verursachende Problem nicht erkannt und beseitigt ist. Hier hilft grundsätzlich nur eine regelmäßige und gründliche Entsäuerung, eine Umstellung auf basische Ernährung und eine basische Nahrungsergänzung mit einer täglichen Basenflut von 7,5 pH im Urin.

▶ Siehe auch ***Darmbelastungen, Magenprobleme***.

Vorzeitiges Altern

Die Übersäuerung des Körpers hat eine stark »vergreisende« Wirkung, je länger sie besteht. Diese Wirkung ist jedoch zum Glück weitgehend reversibel, wenn man das Säure-Basen-Gleichgewicht wiederherstellt und einhält. Sehr wichtig sind hier vor allem Vollbäder mit Natriumbikarbonat und einem pH-Wert von etwa 8,5. Schon nach einigen solchen Bädern, die mindestens 2 bis 3 Stunden dauern sollten, spüren Sie ein allgemeines Wohlbefinden, eine steigende Vitalität und eine deutliche Verjüngung aller Gewebe, auch im Gesicht. Es gibt wohl kaum eine andere Maßnahme, mit der sich eine solch deutliche Wirkung erreichen ließe.

▶ Siehe auch ***das Altern***.

Wechseljahrbeschwerden

Bis zu den Wechseljahren kann eine Frau über die Monatsblutung regelmäßig ihren Organismus entschlacken und entsäuern. Nach den Wechseljahren fällt diese Möglichkeit weg, und die Frau befindet sich in einer total veränderten Situation, auf die sich ihr Stoffwechsel nur ganz allmählich einstellen kann. Denn alle bisher im Körper bis zur Regelblutung »geparkten« Säuren muss der Körper von nun an mit den eigenen Möglichkeiten neutralisieren, also mit Mineralstoffen, die dem Körper an anderer Stelle entzogen werden. Die Frauen verlieren so innerhalb kurzer Zeit wertvolle Reserven, und wenn diese nicht rechtzeitig ausgeglichen werden, bekommen sie nach den Wechseljahren die Folgen in Form von Rheuma, Osteoporose, Krampfadern und Haarausfall zu spüren.

Diese Erkenntnis ist nicht neu. Schon Hildegard von

Bingen schrieb in ihrer *Physica*: »Die Frau scheidet während ihrer fruchtbaren Jahre einmal im Monat ihre schlechten Säfte aus.« Das könnte auch der Grund dafür sein, dass Frauen statistisch einige Jahre länger leben als Männer. Und sie verlieren vor den Wechseljahren auch nicht ihre Haare, im Gegensatz zu den Männern, bei denen der Haarboden als leichtest verfügbare Mineralreserve zur Entsäuerung des Körpers herhalten muss, während er bei den Frauen durch die regelmäßige Entsäuerung bei der Regelblutung nicht angegriffen wird. Die Fähigkeit, Säuren auf diesem Wege auszuscheiden, hört jedoch mit den Wechseljahren auf.

Eine Zeit lang versucht der Körper, die anfallenden und sich stauenden Säuren mit den so genannten »Hitzewallungen« zu neutralisieren. Nach dem Ende der Umstellungsphase werden auch bei der Frau zur Neutralisierung der anfallenden Säuren die verfügbaren Mineralstoffdepots eingesetzt. Als Folge davon kommt es zu Mineralstoffverlusten, z. B. Osteoporose, und gleichzeitig zu Ablagerungskrankheiten wie Rheuma. Dieser Situation, Mineralstoffmangel auf der einen und Ablagerungen auf der anderen Seite, begegnen wir nun in verschiedenen Kombinationen, z. B. Haarausfall und Schlaganfall, Krampfadern und Rheuma, grüner Star und Leistenbruch usw.

In all den Jahren bis zum Aussetzen der Regelblutungen werden die Mineralstoffdepots der Frau nicht oder kaum angegriffen. Da die Situation nach den Wechseljahren für den weiblichen Organismus völlig neu ist, kommt er schnell in eine Notlage. Es ist daher ein unverzichtbares Gebot, spätestens während der Wechseljahre dem Körper durch möglichst basenreiche Ernährung und Vermeidung von Säurebelastungen zu helfen. Wird die bisherige Lebensweise unverändert fortgesetzt, eventuell noch verstärkt durch zusätzliche Kaffeekränzchen, kann es schnell zur Katastrophe kommen, wenn zu viel Säure auf einen untrainierten Organismus trifft.

In dieser Situation gehen viele Frauen zum Arzt, der ihnen »Hormone« verschreibt. Manchmal setzt die Regel wieder ein und damit die Ableitung der Säuren. Aber die Hormone haben Nebenwirkungen, und wenn sie dann abgesetzt werden, kommt es vielfach zu Depressionen. In anderen Fällen setzt trotz der Hormone die Regelblutung nicht wieder ein, aber die Hormone geben dem Körper das falsche Signal, dass der bisherige Weg der Entschlackung über den Uterus wieder zur Verfügung steht. So deponiert der Organismus wie früher Säuren und Giftstoffe im Unterleib. Da aber keine Entsorgung stattfinden kann, kommt es innerhalb weniger Jahre zu Krebs der Gebärmutter, der Eierstöcke oder der Vagina.

Woher kommen die vielen Säuren? Aus dem erhöhten Fleischverzehr fällt viel Harnsäure an, der Kaffeegenuss führt zu Gerbsäure und Salzsäure, aus dem Hang zu Süßigkeiten kommt es vermehrt zu Essigsäure. Von den Schmerztabletten fällt Acetylsalicylsäure an. Aus dem Schweinefleisch fällt Schwefelsäure an, aus vielen Käsesorten Salpetersäure und aus Spinat und Rhabarber Oxalsäure.

Es ist daher unverzichtbar, nach den Wechseljahren ganz streng auf eine möglichst säurearme Ernährung zu achten und eine basische Körperpflege zu betreiben, am besten mit regelmäßigen basischen Vollbädern, die dem Organismus helfen, die anfallenden Säuren zu neutralisieren. Dann können die Wechseljahre eine Zeit werden, in der der Körper richtig aufblüht und Sie sich wirklich wohl fühlen. Vielleicht wird es so die schönste Zeit in Ihrem Leben.

▶ Siehe auch ***Haarausfall, Hitzewallungen, Osteoporose, Rheuma.***

Weichteilrheuma

Bei dieser Form des Rheumas sind die Muskeln, Sehnen und Sehnenansätze betroffen. Sie zeigt eine lang anhaltende, starke Übersäuerung des Körpers an. Auch hier ist eine gründliche Entsäuerung des Körpers die Grundlage jeder wirkungsvollen Therapie, und sehr oft *ist* es bereits die Therapie. Ein Röntgenbild oder eine Blutuntersuchung bringen meist keinen Befund, keinen Hinweis auf die oft sehr starken Schmerzen, aber die Ursache ist immer die gleiche: die Übersäuerung des Körpers. Dagegen kann nur die Umstellung auf basenreiche Kost und basische Nahrungsergänzung mit einer täglichen Basenflut wirksam helfen. Allerdings kann der Erfolg etwas auf sich warten lassen, weil dieses Symptom anzeigt, dass auch alle anderen Säurelager des Körpers voll sind. So braucht es eine gewisse Zeit, bis die Muskulatur spürbar entlastet ist, aber es ist der einzige wirksame Weg und beseitigt die Ursache dauerhaft.

▶ Siehe auch ***Rheuma***.

Zähne

Die Zähne gehören, ebenso wie die Knochen, zu den Mineralstoffdepots des Körpers. Bei einer Übersäuerung ist der Körper gezwungen, diese durch basische Mineralstoffe auszugleichen, und die entnimmt er den weniger lebenswichtigen Bereichen zuerst. Dazu gehört in erster Linie der Haarboden, als Nächstes aber sind die Zähne betroffen und auch die Kieferknochen. Es kommt zu Karies, Zahnfleischbluten und Parodontose, und irgendwann sind die Zähne nicht mehr zu retten.

Der Speichel mit einem pH-Wert bei 7 ist die Lebensgrundlage der Zähne, denn der Zahnschmelz ist nicht an einen Versorgungskreislauf angeschlossen, und so kann die Versorgung mit den benötigten Bausteinen, wie Kalzium und Phosphor, nur über den Speichel erfolgen. Wird der Speichel sauer, haben die Zähne keine Chance mehr. Statt dass der neutrale Speichel die Zähne versorgt, schädigt der saure Speichel sie ständig, und so klagen übersäuerte Menschen meist über schlechte Zähne. Auch die Parodontose ist auf Übersäuerung zurückzuführen. Ist der Zahnschmelz einmal geschädigt, bildet sich Plaque, und Bakterien können sich ansiedeln, die die Zerstörung des Zahnschmelzes vollenden.

Auch der unschöne, steinharte Zahnbelag, der Zahnstein, entsteht durch die Säureüberlastung des Körpers. Es sind Säuren, die sich aus dem Kalzium Ihrer Zähne neutralisiert haben. Hier hilft das Putzen der Zähne mit einem basischen Salzgemisch. Der Zahnstein kann den pH-Wert-Unterschied nicht vertragen und bröckelt einfach weg, gleichzeitig werden die Zähne aus dem Basensalz remineralisiert. Bei einem ausgewogenen Säure-Basen-Haushalt kommt es zur Kariesresistenz, auch das Zahnbett kann sich wieder völlig regenerieren, und Sie bewahren sich Ihre Zähne bis zum Lebensende.

▶ Siehe auch ***Karies, Parodontose***.

Zellulitis

Die Zellulitis oder Orangenhaut verursacht keine gesundheitlichen Beschwerden, kann aber trotzdem für die betroffenen Frauen sehr belastend sein, vor allem, wenn sie sich selbst ablehnen und sich in ihrem Körper nicht mehr wohl fühlen, ihn vielleicht sogar als »Fremdkörper« empfinden.

Zellulitis bildet sich auf Grund von drei Voraussetzungen:

1. Übersäuerung des Organismus,
2. Übergewicht,
3. eine hormonelle Störung.

Eine hormonelle Störung allein oder die Übersäuerung allein kann keine Zellulitis verursachen. Eine erfolgreiche Behandlung sollte aber alle drei Faktoren berücksichtigen. Die Hauptbelastung entsteht durch eine Übersäuerung des Körpers, wenn der Stoffwechsel die überflüssige Säure nicht mehr im Blut, in der Lymphe oder in der Gewebeflüssigkeit »in der Schwebe« halten kann, sondern neutralisieren und lagern muss. Grund dafür kann auch eine Stoffwechselschwäche der Leber oder der Nieren oder eine Überlastung des Dickdarms durch Parasiten oder Pilze sein.

Der weibliche Organismus ist darauf eingestellt, angefallene Säuren während der Monatsblutung auf natürlichem Wege auszuscheiden. In der Zwischenzeit werden diese Säuren, so lange sie ein gewisses Maß nicht überschreiten, im Blut, in der Lymphe, in der Gewebeflüssigkeit und in der Plazenta gelagert. Sind diese Speicher voll, müssen die Säuren neutralisiert werden, wozu Mineralstoffe aus dem Körper entnommen werden, so weit sie nicht in der Nahrung vorhanden sind. Diese neutralisierten Säuren werden nun auf den Hüften, besonders aber in den Oberschenkeln und Oberarmen abgelagert, wo sie jederzeit wieder gelöst und ausgeschieden werden können. Das Ergebnis dieses so verschlackten Gewebes ist die bekannte Zellulitis.

Da Männer keine Monatsblutung kennen, »parkt« der männliche Organismus die anfallenden Säuren nicht, sondern verstoffwechselt sie gleich, um sie auszuscheiden.

Dafür benötigt er Mineralstoffe entweder aus der Nahrung oder aus den Körperspeichern, hier meist aus dem Haarboden, weshalb Männer ihr Haar früh verlieren, was immer ein Zeichen einer hohen Säurebelastung ist. Frauen brauchen auf die körpereigenen Reserven in ihrer fruchtbaren Zeit kaum zurückzugreifen, weshalb Haarverlust hier die Ausnahme ist.

Zellulitis entsteht also nur, wenn die vorübergehenden »Parkplätze« im Blut, in der Lymphe und in der Gewebeflüssigkeit bereits durch Übersäuerung besetzt sind. Hinzu kommt, dass viele von uns zu wenig trinken, dadurch ist die Flüssigkeitsmenge im Körper zu niedrig. Oder wir trinken zwar genug, aber das Falsche, also säurebildende, gesüßte Säfte oder Limonaden. Durch all die genannten Faktoren entsteht eine unnötige zusätzliche Säurebelastung des Körpers. Es ist wie beim Zucker im Kaffee: Der erste Löffel wird problemlos gelöst und »in der Schwebe« gehalten. Der zweite Löffel wird noch zum Teil gelöst, der dritte aber bleibt ungelöst als Satz am Tassenboden. Ebenso ist es bei der Säurebelastung des Körpers: Was nicht in der Körperflüssigkeit »in Schwebe« gehalten werden kann, *muss* irgendwo geparkt werden und erscheint zum Teil als Zellulitis.

Die Zellulitis wird verschlimmert, wenn zu der ohnehin vorhandenen Säurebelastung eine weitere hinzukommt, nämlich durch sportliche Betätigung. Die dadurch anfallenden Milchsäure muss zusätzlich in den Oberschenkeln geparkt werden. Deswegen wundern sich junge Sportlerinnen, dass durch ihren Sport die Zellulitis nicht zurückgeht, sondern noch weiter zunimmt. Sobald man aber den Zusammenhang kennt, kann man geeignete Gegenmaßnahmen ergreifen, und die Zellulitis wird bald verschwinden.

Zu einer erfolgreichen Zellulitiskur gehört:

- Die Feststellung und Beseitigung der größten Säurequellen.
- Ein reichliches Mineralstoff- und Spurenelementeangebot, damit anfallende Säuren und Gifte sofort neutralisiert werden können, *ohne* die wichtigen Körperdepots anzugreifen.
- Mindestens einen Liter Gemüsesaft oder Kräutertee am Tag trinken.
- Möglichst täglich ein basisches Vollbad von mindestens 2 Stunden Dauer nehmen.
- Regelmäßige Lymphdrainage und Massage.
- Stärkung der Stoffwechselfunktion von Leber, Niere und Darm.
- Eine gründliche Darmreinigung mit anschließender Sanierung.
- Eine gründliche Remineralisierung des Körpers, damit die körpereigenen Mineralstoffdepots wieder gefüllt werden.

Natürlich kann das alles auch prophylaktisch durchgeführt werden und ist durchaus auch für Männer zu empfehlen. Eine angenehme Nebenwirkung ist, dass Muskelkater nicht oder kaum noch auftritt.

Machen Sie es sich einmal bewusst, was das Wort »ausgelaugt« bedeutet. Es sagt aus, dass der Körper seiner wertvollen Laugen beraubt ist und zur Säureneutralisierung »ausgelaugt« wurde. Aber eine gründliche Entsäuerung und die deutliche Reduzierung saurer Nahrung und Getränke werden das Säure-Basen-Gleichgewicht des Körpers bald wiederherstellen. Wird die Haut zusätzlich regelmäßig massiert, bekommen Sie das Problem sichtbar in den Griff und fühlen sich in Ihrem Körper wieder wohl.

Zwölffingerdarmgeschwür

Der Zwölffingerdarm hat natürlicherweise ein basisches Milieu. Er grenzt unmittelbar an den Magen, und hier müssen die starken Säuren zunächst neutralisiert werden, denn die eigentliche Verdauung findet im basischen Bereich statt. Stehen nicht genügend Basen hierfür zur Verfügung, weil auch die Galle und die Bauchspeicheldrüse belastet sind, kommt es zu entzündlichen Reaktionen und irgendwann zu einem Zwölffingerdarmgeschwür. Das ist viel häufiger der Fall, als Sie bemerken, und sehr viel häufiger als ein Magengeschwür. Es ist verständlich, dass hier nur eine gründliche Entsäuerung Abhilfe schaffen kann, weil sie gleichzeitig auch Leber, Galle und Bauchspeicheldrüse wieder in den natürlichen basischen Bereich zurückführt. Hierfür ist eine Basenflut mit einem pH-Wert von 7,5 einmal täglich unverzichtbar.

▶ Siehe auch ***Darmbelastungen***.

8

Vitamin C – ein unverzichtbarer Helfer

Jeder *glaubt*, das Vitamin C zu kennen und sich seiner Bedeutung bewusst zu sein, aber in Wirklichkeit hat die eigentliche Entdeckung seiner unglaublichen Möglichkeiten gerade erst begonnen. Chemisch besteht es nur aus drei Elementen, die überall in der Natur reichlich vorkommen: 6 Atome Kohlenstoff (C), 8 Atome Wasserstoff (H) und 6 Atome Sauerstoff (O). Das ergibt die Formel: $C_6H_8O_6$. Wie es scheint, nichts Besonderes.

E 300 ist seine EU-Nummer für Lebensmittel-Zusatzstoffe, und es hat den chemischen Namen Ascorbinsäure. Es ist wasserlöslich, leicht oxidierbar, ein Radikalenfänger, fördert die Eisenresportion, hemmt die Nitrosaminbildung und stärkt das Immunsystem. Der Name Ascorbinsäure leitet sich davon ab, dass es gegen Skorbut wirkt (Antiskorbut). Vitamin C gehört chemisch zu den Kohlehydraten, funktional zu den Säuren und physiologisch zu den Vitaminen.

Die Natur hat dem Vitamin C eine Schlüsselrolle bei der Wiederherstellung und Erhaltung der natürlichen Gesundheit zugewiesen, die den meisten aber nicht bewusst zu sein scheint, denn der größte Teil unserer Bevölkerung leidet an einem unterschwelligen Mangel an Vitamin C, und das gilt ganz besonders für die Älteren unter uns. Da stellt sich doch die Frage, warum die Natur uns keine

Möglichkeit gegeben hat, eine so wichtige Substanz im Körper selbst herzustellen.

Die meisten Säugetiere sind tatsächlich in der Lage, Vitamin C auf enzymatischem Weg zu synthetisieren, während der Mensch und andere Primaten diese Fähigkeit nicht haben, obwohl dieses Vitamin auf Grund seiner vielfältigen Funktionen für den Körper unverzichtbar ist. Denn dadurch kennen die anderen Säugetiere keine Arteriosklerose und bekommen keinen Herzinfarkt, nicht einmal eine Erkältung. Uns aber fehlt das für die Synthese der L-Ascorbinsäure entscheidende Enzym L-Gulonolactonoxidase. Bei Mangel entwickeln wir deutliche Mangelsymptome, und bei völligem Entzug führt das unweigerlich zum Tod.

Wir können mit ziemlicher Sicherheit annehmen, dass unsere Vorfahren durchaus in der Lage waren, das benötigte Vitamin C aus der reichlich verfügbaren Glukose selbst herzustellen. Durch irgendeinen Umstand ging diese Fähigkeit verloren, vielleicht weil die damals wachsenden Wildpflanzen einen sehr viel höheren Vitamin-C-Gehalt hatten als unsere heutigen Kulturpflanzen. So konnte der Körper auf den hohen Aufwand verzichten, im eigenen Stoffwechsel die reichlich angebotene lebenswichtige Substanz selbst zu bilden, und hat dann, vielleicht durch Mutation, die Fähigkeit ganz verloren.

Aber wie es auch gewesen sein mag, wichtig bleibt, dass Vitamin C für den Körper unverzichtbar und lebenswichtig ist und täglich mehrfach zugeführt werden *muss*, weil der Körper es nur in geringem Maße speichern kann. Ich nehme 1 bis 3 Gramm täglich, verteilt auf mehrere Dosen, und spüre, wie dies meinem Körper gut tut. Viele nehmen bereits mehr oder weniger regelmäßig Vitamin C, aber wahrscheinlich nicht genug. Wozu sonst bilden andere

Säugetiere, auf das menschliche Körpergewicht umgerechnet, etwa 10 bis 20 Gramm Vitamin C pro Tag? Wissenschaftler berichten allein über Vitamin C in jährlich mehr als tausend neuen Veröffentlichungen, und doch ist seine vielfältige Wirkung noch längst nicht vollständig erforscht. Vor allem die zu empfehlende Dosis dürfte sich in Zukunft wesentlich erhöhen, da manche Wirkungen erst bei einer hohen Dosis an Vitamin C optimal erfolgen und Überschüsse ohne Nebenwirkungen ausgeschieden werden.

Das Vitamin der Vitamine

Vitamin C ist der vielleicht wichtigste Mikronährstoff überhaupt und wirkt auf vielfältige Weise in unserem gesamten Körper. Es hält unser Gehirn leistungsfähig und uns bei guter Laune. Es ist ein starkes Antioxidans, wirkt entzündungshemmend, sorgt für straffe Haut und starke Muskeln. Es stimuliert die Bildung von Bindegewebe, Knochen und Zähnen und wirkt mit beim Aufbau von Knorpeln und Sehnen. Es wappnet unsere Zellen gegen Viren und Bakterien und schützt uns vor Erkältungen. Es steigert die Produktion von Interferon und verbessert die Wundheilung.

Vitamin C ermöglicht erst die Aufnahme von Eisen aus der Nahrung, entsorgt Schwermetalle aus unserem Körper und sorgt generell für eine Entgiftung. Es ist eine unverzichtbare Voraussetzung für das optimale Funktionieren unseres Immunsystems. Es schützt Organe und Gewebe, vor allem aber das Zentralnervensystem vor der zerstörerischen Wirkung der freien Radikalen und bremst so auch das Altern. Es ist wichtig für den Kohlehydrat- und Fettstoffwechsel und ist beteiligt an der Hormonsynthese und der Bildung der roten Blutkörperchen. Es wird zum Aufbau von Neurotransmittern gebraucht und ist wichtig für die Kollagensynthese.

Vitamin C ist der »Zement« für die Blutgefäßwände und hält die Gefäße dadurch elastisch, intakt und jung. Es mindert die Stressanfälligkeit und hilft, diabetische Stoffwechselentgleisungen zu korrigieren. Es ist ein wichtiger Helfer des Zellstoffwechsels, mindert Raucherschäden und schützt vor der Oxidation der Blutfette und der Eiweißverzuckerung in den Blutgefäßen. Es verhindert die Bildung von karzinogenen Stoffen und bremst die Histaminfreisetzung bei allergischen Reaktionen. Es verhindert die Trübung der Augenlinsen zu grauem Star. Es sorgt für die gesteigerte Fettverbrennung zur Energiegewinnung durch die Synthese von Carnitin und macht so schlank, stark und fit.

Vitamin C ist ein unverzichtbarer Kofaktor bei der Wirkung von lebensnotwendigen Enzymen, und wenn es fehlt, fallen wichtige Zellfunktionen aus. Als Vitamin-C-Ester ist es magenfreundlicher, erscheint schneller im Blut und wird langsamer ausgeschieden. Es geht mit vielen Toxinen eine Verbindung ein, entzieht sie damit dem Stoffwechsel und bringt sie zur Ausscheidung. Es erhöht unsere Toleranz gegenüber dem Ozon, verhindert die Synthese von krebserregenden Nitrosaminen, führt zur Rückbildung von Dickdarmpolypen und beschleunigt den Abbau von Alkohol.

Vor allem aber hilft es, Herzinfarkt, Arteriosklerose und Schlaganfall zu vermeiden. Jeder zweite Europäer stirbt an den Folgen arteriosklerotischer Ablagerungen in den Koronararterien des Herzens, was zum Herzinfarkt führt, oder an Ablagerungen in den Halsschlagadern oder Gehirnarterien, was zum Schlaganfall führt. Die Grundursache der arteriosklerotischen Ablagerungen ist chronischer Vitaminmangel, der zur Schwächung und letztlich zum Bruch der Arterienwand führt.

Die moderne Wissenschaft hat festgestellt, dass viele Zivilisationskrankheiten gar keine richtigen Krankheiten sind, sondern nur die Folge eines Mangels, besonders an bestimmten Vitaminen, Mineralstoffen und Spurenelementen. Werden diese dem Körper in der richtigen Mischung und in ausreichender Menge gegeben, sind die Folgen des Mangels zuverlässig zu vermeiden. Besonders gefährlich wird es, wenn Vitaminmangel, Übersäuerung und Entmineralisierung zusammenkommen, wie es bei den meisten Menschen der Fall ist. Die Oxidation, das »biologische Rosten«, schädigt zusätzlich und beschleunigt den Alterungsprozess.

Kommt es durch Übersäuerung, Entmineralisierung und Vitamin-C-Mangel zu ersten Aderrissen, mobilisiert der Körper einen körpereigenen Baustoffen, das Cholesterin, um die brüchigen Adern abzudichten (siehe auch *Cholesterinablagerungen*). Dabei verringert sich natürlich der Aderquerschnitt, und so ist der Körper gezwungen, den Blutdruck zu erhöhen, um trotzdem die Durchblutung des Körpers zu gewährleisten. Der erhöhte Blutdruck belastet natürlich die Aderwände zusätzlich, weshalb mehr Cholesterin angelagert wird, um den Bruch zu vermeiden. Der weiter verringerte Aderquerschnitt erfordert einen nochmals erhöhten Blutdruck, was die Aderwände weiter belastet, und so kommt es zu der Spirale, die im Herzinfarkt endet, es sei denn, Sie kehren den Prozess um, indem Sie dem Körper einen *Überschuss* an Vitamin C und anderen Vitaminen und Mineralstoffen zur Verfügung stellen. Vor allem durch das Vitamin C werden die Aderwände wieder elastisch und dicht, sodass der Körper das angelagerte

Cholesterin nach und nach wieder abbauen kann, wodurch die Adern wieder frei werden. Der Blutdruck sinkt, und ein Herzinfarkt oder Schlaganfall kann abgewendet werden.

Auch für Diabetiker ist das Vitamin C ein wahres Lebenselixier, weil es nicht nur hilft, Gefäßkomplikationen zu vermeiden, sondern auch die diabetische Stoffwechselentgleisung selbst zu korrigieren. Vitamin C ist daher unerlässlich für die Stabilität unserer Blutgefäße, das wichtigste Wundheilmittel unseres Körpers und unser wichtigstes Antioxidans sowie ein unersetzlicher Helfer des Zellstoffwechsels.

Die Überlebenszeit von Krebspatienten im Endstadium konnte in einer Untersuchung mehr als verdoppelt werden durch die Einnahme von täglich 10 Gramm Vitamin C, verteilt über den Tag. Einige der untersuchten Patienten konnten sogar völlig geheilt entlassen werden. Wird reichlich Vitamin C eingenommen, wird die Wundheilung bis zur Hälfte verkürzt, und auch der Cholesterinspiegel wird deutlich gesenkt. Es ist auch für die Dentinbildung sehr wichtig und ist ein wichtiger biochemischer Teilfaktor für eine optisch unauffällige Narbenbildung. Es verbessert deutlich die Zellatmung. Wird der Körper mit Vitamin C überflutet, unterdrückt es die Bildung von Nitrosaminen im Magen, die zur Krebsbildung führen können, um bis zu 98 %.

Wie die »Framingham«-Langzeitstudie amerikanischer Forscher zeigte, leiden Personen, die genügend Vitamin C (mindestens 1 Gramm täglich) zu sich nehmen, drei- bis viermal seltener an Arthritis und Knieproblemen. Nach einem Bericht der »Ärzte-Zeitung« vom Oktober 1997 erhöht Vitamin C die Knochendichte, was besonders wichtig bei älteren Frauen ist. Je mehr Vitamin C genommen wird, desto geringer ist der Insulinbedarf bei Diabetikern, so das Ergebnis einer Untersuchung an der Stanford-Universität im kalifornischen Palo Alto. Die amerikanische »Nurses Health Study«, in der 120 000 Krankenschwestern befragt wurden, kam zu dem erstaunlichen Ergebnis, das *keine* der Frauen, die Vitamin C über mindestens 10 Jahre eingenommen hatten, an einer auch nur geringen Trübung der Augenlinsen litt.

Bekannt ist Vitamin C als Radikalenfänger. Radikale sind hochaggressive biochemische Verbindungen, sie schädigen Proteine, Enzyme, Lipoide und die Erbsubstanz. Vitamin C reduziert nicht nur deutlich diese freien Radikale, es regeneriert auch oxidiertes Vitamin E und bewirkt hierdurch einen Schutz der Lipidmembranen. Außerdem gibt es einen interessanten Zusammenhang zwischen Lipoprotein(a) und Vitamin-C-Mangel. Lipoprotein (a) findet sich praktisch nur bei Lebewesen, die nicht in der Lage sind, körpereigenes Vitamin C herzustellen. Es ist offensichtlich ein Ersatzreparaturmolekül, das die Funktion des fehlenden Vitamin C übernimmt, allerdings mit einigen Nebenwirkungen, denn bei chronischem Vitamin-C-Mangel wird zu viel von diesem Molekül produziert, und es kommt zu Ablagerungen, wodurch es zu Herzinfarkt und Schlaganfall beiträgt.

Die gründliche Entsäuerung und Remineralisierung des Körpers sowie tägliche Dosen Vitamin C von mindestens einem Gramm über den Tag verteilt und eine gezielte Nahrungsergänzung können offensichtlich Herzinfarkt und Schlaganfall weitgehend verhindern und bestehende Belastungen günstig beeinflussen.

Vitamin C – früher einmal die Rettung vor Skorbut

Wenn wir in der Geschichte zurückblicken, erkennen wir, dass bereits um die erste Jahrtausendwende der Skorbut wie eine Seuche in der Wikingerflotte herrschte. Skorbut beginnt mit großer Schwäche, das Gesicht verliert seine frische Farbe, die Zähne lockern sich, und das Zahnfleisch beginnt, ständig zu bluten. Die Augen haben dunkle Ringe, am Körper zeigen sich schmerzhafte Verdickungen und blaue, grüne und braune Flecken. Die meisten Erkrankten sterben langsam und unter großen Schmerzen, und wenn sie es überleben, bleiben sie ein Wrack. Es waren die Wikinger, die diesem geheimnisvollen Leiden den Namen »Skyrbjur« gaben, aus dem später die Bezeichnung »Scharbock« wurde und daraus die latinisierte Form »Scorbutus«.

Mit dem Beginn des 15. Jahrhunderts begannen Spanien, Portugal, die Niederlande und England, aber auch andere Nationen mit ihren weltumspannenden Entdeckungsfahrten. Die Nahrung auf diesen Fahrten, die viele Monate, manchmal Jahre dauerten, bestand aus Pökelfleisch und Schiffszwieback; sie führte innerhalb weniger Wochen, wie wir heute wissen, zum absoluten Vitamin-C-Mangel und damit sicher zum Skorbut. Als im Jahre 1498 Vasco da Gama seine berühmte Fahrt um Afrika unternahm, verlor er von 160 Besatzungsmitgliedern mehr als 100 durch Skorbut. Während der ersten Weltumsegelung durch Magalhães in den Jahren 1519 bis 1522 starben nicht weniger als neun Zehntel seiner Besatzung an dieser schrecklichen Krankheit, die wir heute nur noch dem Namen nach kennen, weil sie eigentlich gar keine Krankheit ist, sondern nur die sichere Folge eines unerkannten Mangels an Vitamin C.

Doch damals nahm man es noch als »Seemannsgarn«, wenn Seeleute berichteten, dass einige Knollen Zwiebeln sie vor der fürchterlichen Krankheit bewahrt hatten. Die Medizin ging dem nicht weiter nach. Bereits in der Mitte des 16. Jahrhunderts empfahl der Portugiese Ronssos Apfelsinen als Gegenmittel, und im 17. Jahrhundert wurde auf Anregung von Salomon Albertos auf allen niederländischen Schiffen Sauerkraut mitgeführt. Captain James Cook schrieb eine Denkschrift zur »Lebenserhaltung auf Schiffen«, eingereicht bei der Royal Society, die für die Zukunft wegweisend wurde. Sie folgte einem Befehl von Admiral Lancaster, nach dem jeder Matrose täglich 3 Löffel Zitronensaft zu sich nehmen musste.

Doch es sollte noch weitere 300 Jahre dauern, bis die Medizin den Zusammenhang erkannte, obwohl es immer wieder deutliche Hinweise darauf gab. So beobachteten die Seefahrer Jacques Cartier 1535, Sir John Hawkins 1593 und Johannes Dietz 1665, dass Skorbut sicher verhindert werden kann, wenn Frischgemüse und Früchte zur Verfügung stehen. Auch James Cook hatte auf seinen Reisen von 1772 bis 1775 Zitronensaft und Sauerkraut geladen und hielt seine Leute damit frei von Skorbut.

Erst 1920 erfolgte die Isolierung dieses unscheinbaren Stoffes, der die Krankheit verhindern konnte, aus Zitronen, 1927 durch Szent-Györgyi aus Paprikaschoten, Kohl und Nebennieren. Abgeleitet aus »Anti-Skorbut« gab man ihr den Namen Ascorbinsäure. 1937 erhielt Szent-Györgyi den Nobelpreis für Medizin für seine bahnbrechenden Forschungen. Sir Norman Haworth erhielt im gleichen Jahr den Nobelpreis für Chemie für seine Leistung, Ascorbinsäure unter Zuhilfenahme einer mikrobiellen, biotechnologischen Oxidationsreaktion zu synthetisieren. Damit konnte aus 2 bis 4 Kilogramm Glukose 1 Kilogramm Ascorbinsäure gewonnen werden, und so stand es in ausreichender Menge zu einem günstigen Preis zur Verfügung.

Eigentlich trägt die Ascorbinsäure ihren Namen nicht ganz zu Recht, denn in reiner, synthetisierter Form vermag sie Skorbut weniger wirksam zu verhindern, als in Verbindung mit Bioflavonoiden aus Früchten und vor allem mit einem geheimnisvollen Kofaktor des Vitamin C, dem OPC, dem Szent-Györgyi trotz intensiver Bemühung bis zu seinem Lebensende nicht auf die Spur kam.

Heute kennt man diese fürchterliche Krankheit Skorbut praktisch nur noch dem Namen nach, obwohl noch immer fast alle Menschen an einer leichten Form von Skorbut leiden, die nur nicht als solche erkannt wird und die leicht vermeidbar wäre. Dabei erkannte schon Szent-Györgyi, dass die Medizin im Hinblick auf das Vitamin C den Fehlschluss zieht: Wenn der Mensch so viel Vitamin C nimmt, dass er sicher keinen Skorbut mehr bekommt, dann sei alles in Ordnung. Szent-Györgyi wies darauf hin, dass Skorbut keineswegs nur ein Vorzeichen des Mangels, sondern bereits ein akutes Vortodessyndrom ist. Von dieser Verfassung bis zur vollständigen Gesundheit, so erklärte er, sei es ein unendlich weiter Weg, und um diese Distanz zu überbrücken, brauche man sehr viel mehr Vitamin C als üblicherweise empfohlen. Er selbst nahm täglich 1 Gramm Vitamin C, wobei er nicht überzeugt war, schon die optimale Dosis gefunden zu haben. Das schrieb er an Linus Pauling, einen anderen Nobelpreisträger, der sich um die Erforschung der Wirkung von Vitamin C in Jahrzehnten der Forschung verdient gemacht hat.

Vitamin C kann Ihr Leben verlängern

Der zweifache Nobelpreisträger Linus Pauling, der auch mit 90 Jahren noch Vortragstourneen durchführte, schrieb in seinem Buch *How to live longer and feel better*, dass die Optimierung unserer Ernährung durch Nahrungsergänzungsmittel, vor allem Vitamin C, dazu führen kann, dass wir 25 bis 35 Lebensjahre älter werden, und das in bester körperlicher Verfassung, bei voller psychischer und physischer Belastbarkeit und geistiger Frische. Eine optimale Versorgung mit Vitamin C ist unverzichtbar für wahre Lebensqualität und Langlebigkeit. Vitamin C bewirkt eine »Ökonomisierung des Kreislaufs«, wie Prof. Paul Lüth ausführt, denn es verbessert die Sauerstoffnutzung, wie Versuche der Universität Wien zeigen. Die Untersuchungen am Fahrradergometer zeigen, dass die Einnahme von Vitamin C einen Trainingseffekt bewirkt, vergleichbar einer sportlichen Betätigung, wie man an Blutdruck und Pulsfrequenz usw. ablesen kann. Trotzdem wird dadurch ausreichende Bewegung keineswegs verzichtbar.

Altern beginnt im Bindegewebe, und gerade dort ist Vitamin C besonders hilfreich, weil es den Kollagenaufbau fördert, ohne eine Verbindung mit dem Kollagen einzugehen. Die segensreiche Wirkung von Vitamin C kann noch einmal deutlich durch die Verwendung eines Vital-Ionengenerators* gesteigert werden. Er gibt dem Körper die nötige Lebensenergie, um sich sofort wieder zu regenerieren. Das beruht darauf, dass der normale Sauerstoff, den wir einatmen, inaktiv ist. Um in die Zelle zu gelangen, wo er benötigt wird, muss er zunächst ionisiert, also in aktiven Sauerstoff (»Vital-Ionen«) umgewandelt werden. Das ge-

* Siehe Bezugsquellen im Anhang.

schieht durch die Abspaltung von Elektronen, die sich dann an das Sauerstoffmolekül anlagern. Nur so kann das Sauerstoffmolekül in die Zelle gelangen, wo es für den Zellstoffwechsel unverzichtbar ist. Ein Vital-Ionengenerator ionisiert den Sauerstoff der Luft und bietet so den benötigten Sauerstoff gleich körpergerecht und in der richtigen Konzentration, wie in gesunder Alpenluft. Dort sind etwa 30 000 Vital-Ionen in einem Kubikzentimeter Luft, in einem normalen Wohnraum sind es meist nur noch 300.

Ganz dramatisch fällt die Vital-Ionenkonzentration im Auto ab, dort gibt es meist nur noch 30 bis 50 Vital-Ionen pro Kubikzentimeter Luft. Dadurch können die Lebensprozesse im Körper nur noch sehr reduziert ablaufen, was Sie an mangelnder Energie und Abgespanntheit spüren. Auch die sprichwörtliche Reizbarkeit vieler Autofahrer ist zu einem großen Teil auf den akuten Mangel an Vital-Ionen zurückzuführen. Aber auch im Auto können Sie die Qualität der Atemluft durch Anwendung eines Vital-Ionengenerators entscheidend verbessern.

Die optimale Versorgung mit Vitamin C

In der Frage nach der optimalen Vitamin-C-Dosis gibt es noch immer keine Einigung unter den Experten. Fest steht, dass etwa 10 mg pro Tag genügen, um Skorbut zu verhindern. Die Empfehlungen reichen von 30 mg (WHO) über 75 mg (Deutsche Gesellschaft für Ernährung) bis zu 19 Gramm (Linus Pauling), der als Nobelpreisträger für die Erforschung der Wirkungen des Vitamin C geistig frisch und aktiv 94 Jahre alt wurde.

Ich empfehle 1 bis 3 Gramm, in mehreren Dosen über den Tag verteilt. Diese Menge kann jedoch mit der Ernährung allein nicht aufgenommen werden, weshalb es einer geeigneten Nahrungsergänzung bedarf. Nach den Forschungsergebnissen von Prof. Anthony Diplock vom Guy's Hospital in London sind hohe Dosen von Vitamin C zumindest nicht gesundheitsschädlich, da der Vitaminhaushalt sich homöostatisch regelt und überschüssiges Ascorbat weitgehend unverändert über die Nieren ausgeschieden wird. Bei starker körperlicher Tätigkeit ist der Bedarf deutlich erhöht, ebenso bei großer Flüssigkeitszufuhr, fiebrigen Erkrankungen, erhöhter Schilddrüsentätigkeit, Diabetes, nach Operationen sowie bei Rauchern und Krebskranken. Da Vitamin C anregend wirkt, können größere Dosen das Einschlafen verzögern.

Durch Vitamin C wird Eisen, das in der Milz und in den Darmwänden eingelagert ist, wieder in das Blut zurückgeführt und steht so für den Sauerstofftransport zur Verfügung. Als Vitamin-C-Ester ist es pH-neutral, besonders magenschonend und länger wirksam.

Der Vitamin-C-Gehalt von Obst und Gemüse

Die größte natürliche Vitamin-C-Quelle ist die *Terminalia ferdinandiana* oder »billygoat plum«, wie sie die Aborigines Australiens nennen, mit einem Gehalt von etwa 5000 mg Vitamin C. Auch die *Malpighia glabra* oder Acerolakirsche, die in Südamerika, Westindien und der Karibik zu Hause ist, hat einen Vitamin-C-Gehalt von bis zu 4500 mg. Den höchsten Vitamin-C-Gehalt heimischer Früchte haben die Hagebutte mit etwa 1200 mg und Sanddorn mit etwa 450 mg.

Zusätzlich enthalten alle Früchte noch Bioflavonoide in unterschiedlicher Zusammensetzung und Konzentration, die die biologische Aktivität des Vitamin C deutlich steigern, weshalb es sich empfiehlt, zusätzliche Gaben von Vitamin C möglichst immer mit einer Frucht zu verbinden.

Obst	*Vitamin C in mg pro 100 g Frischgewicht*
Johannisbeere, schwarz	150–300
Kiwi	80–100
Papaya	70– 80
Erdbeere	60– 70
Grapefruit	30– 90
Zitrone	40– 60
Apfelsine	30– 50
Mango	40– 50
Johannisbeere, rot	40– 50
Holunderbeere	30– 50
Stachelbeere	30– 40
Mandarine	25– 35
Zuckermelone	25– 35
Himbeere	25– 30
Heidelbeere	20– 25
Ananas	15– 25
Brombeere	15– 20
Kirsche	10– 15
Banane	10– 15
Apfel	10– 30
Pfirsich	8– 12
Trauben	3– 5

Gemüse	*Vitamin C in mg pro 100 g Frischgewicht*
Petersilie	100–300
Paprika, rot	150–200
Paprika, grün oder gelb	130–150
Meerrettich	100–130
Brokkoli	100–120
Grünkohl	100–120
Rosenkohl	100–110
Fenchelkraut	90–100

Gemüse	*Vitamin C in mg pro 100 g Frischgewicht*
Blumenkohl	70– 80
Kohlrabi	60– 70
Gartenkresse	60– 70
Spinat	50– 60
Brunnenkresse	50– 60
Rotkraut	50– 60
Wirsing	50– 60
Weißkraut	45– 50
Chinakohl	35– 40
Süßkartoffeln	30– 70
Kartoffeln	5– 30
Feldsalat	25– 35
Radieschen	25– 30
Lauch	25– 30
Grüne Erbsen	20– 30
Tomaten	20– 30
Spargel	20– 25
Sauerkraut	15– 20
Grüne Bohnen	15– 20
Zucchini	15– 20
Kopfsalat	12– 15
Karotten	5– 10
Sojasprossen	5– 10
Zwiebeln	3– 5

Sie sehen, wir können Vitamin C auf verschiedene Arten zu uns nehmen, und einige sind besonders köstlich verpackt. Das wird aber nicht ausreichen, und so sollten wir täglich zusätzliche Dosen von Vitamin C einnehmen. Entgegen einer vagen, meist emotionalen Abneigung gegen »Chemie« gibt es keinen Unterschied zwischen dem natürlichen und dem synthetisch hergestellten Vitamin C, und auch unser Körper würde es synthetisieren, wenn er noch die Fähigkeit dazu hätte. Es sind absolut die gleichen Moleküle, Unterschiede können nur durch Begleitstoffe auftreten, besonders durch Bioflavonoide, die Sie ohnehin zusätzlich mit dem verzehrten Obst zu sich nehmen. Auch die Verwertung im Körper ist identisch, gleich ob das Vitamin C natürlichen oder synthetischen Ursprung hat. Es gibt daher keinen Grund, es abzulehnen und sich so um einen wirklich hilfreichen Teil des Fortschritts zu betrügen.

Wichtiger ist vielmehr, dass durch Lagerung und Zubereitung ein hoher Anteil des natürlich vorhandenen Vitamin C verloren geht, weshalb Obst und Gemüse möglichst frisch auf den Tisch kommen sollten. Eine Ausnahme bildet die Rote Bete, bei der sich der Vitamin-C-Gehalt durch eine mehrmonatige Lagerung verdoppeln kann.

Es empfiehlt sich jedoch, Vitamin C in einer magenfreundlichen Form einzunehmen, die als Calciumascorbat oder Vitamin-C-Ester zur Verfügung steht.

OPC – der geheimnisvolle Kofaktor

Unser Körper ist ein sich selbst heilender Organismus. Die Ursache der meisten Krankheiten ist ein Mangel an lebenswichtigen Stoffen, die der Körper nicht selbst herstellen kann, sodass er darauf angewiesen ist, sie mit der Nahrung in ausreichender Menge aufzunehmen. Hierzu gehören vor allem Vitamin C und sein Kofaktor OPC. Stehen diese Stoffe ständig zur Verfügung, kann der Körper sich nicht nur heilen, sondern sich auch jung und vital erhalten. Die Kombination von Vitamin C und OPC ist ein wahrer Jungbrunnen für den Körper.

OPC ist die Abkürzung für »oligomere Proanthocyanidine«. Es ist als natürlicher Stoff in vielen Pflanzen vorhanden, aber meist in der Schale, den Kernen oder Stielen, die wir vor dem Verzehr entfernen, sodass wir trotzdem einen OPC-Mangel haben. OPC ist in Apotheken erhältlich. Es ist das stärkste derzeit bekannte Antioxidans, 18-mal stärker als Vitamin C allein und 40-mal stärker als Vitamin E.

Oxidation nennt man den Prozess der Verbindung von Sauerstoff mit einem anderen chemischen Element, und auch unser sichtbares Altern verdanken wir zum größten Teil der Oxidation. Sie wird bewirkt durch freie Radikale, die nicht nur einen hohen Anteil bei der Entstehung bestimmter Krankheiten haben, sondern sie sind auch die Hauptverantwortlichen für den Alterungsprozess, dem wir alle unterliegen.

Zwar ist dieser Prozess in unseren Genen programmiert, aber danach könnten wir 130 Jahre alt werden. Das vorzeitige Altern wird zu einem großen Teil durch die freien Radikale verursacht, und hier ist die Kombination von Vitamin C und OPC ein »Antialterungsmittel«. Denn wenn sich viele freie Radikale im Körper befinden, kommt es dort zu Oxidationsprozessen, die aggressiv die Zellen schädigen, und Krankheiten sind die Folge, vor allem aber vorzeitiges Altern. Das heißt, Sie können tatsächlich Ihr Leben verlängern, wenn Sie durch Vitamin C und OPC die freien Radikale in Schach halten. Die Faltenbildung wird ebenfalls deutlich reduziert, sodass Sie auch optisch jünger erscheinen. Vor allem aber fühlen Sie sich wesentlich jünger, und das ist vielleicht das Wichtigste: dass man sich in sich selbst so richtig wohl fühlt.

OPC ist besonders in Rotwein in hoher Konzentration enthalten, weil der Rotwein im Gegensatz zum Weißwein mit Schalen, Kernen und Stielen vergoren wird und so das OPC aufnimmt. Daher auch das »französische Paradox«, durch regelmäßigen Rotweingenuss länger zu leben, obwohl Alkohol gesundheitsschädlich ist.

Dieses »französische Paradox« machte St. Leger in der am 12. 5. 1979 veröffentlichten Ausgabe von »The Lancet« anschaulich, indem er den Zusammenhang zwischen Weinkonsum (horizontale Achse) und der Sterblichkeitsrate bei Männern im Alter von 55 und 64 aufzeigt (vertikale Achse). Frankreich hat dabei die niedrigste Sterberate, und sicher wäre das Ergebnis noch beeindruckender, wenn zwischen Weiß- und Rotwein unterschieden worden wäre. Obwohl manche anderen Ernährungs- und Lebensgewohnheiten der Franzosen nicht gerade gesundheitsfördernd sind, bewirkt der regelmäßige Genuss von Rotwein und die damit verbundene Aufnahme von OPC diese eindrucksvolle Lebensverlängerung.

Die Entdeckung der Wirkung von OPC könnte für ein deutlich längeres Leben in Gesundheit sorgen. Durch OPC enthält unser Blut wesentlich weniger Fibrinogen, das sind propfenbildende Faserstoffe, und vorhandene werden durch OPC aufgelöst. Es hat außerdem eine gefäßentspannende und erweiternde und damit blutdrucksenkende sowie bei Frauen eine östrogensteigernde Wirkung.

Aber ebenso wie Vitamin C kann unser Körper OPC nicht selbst herstellen und ist auf die regelmäßige Zufuhr angewiesen. OPC kann auch das Vitamin C nicht ersetzen, sondern diese beide verstärken sich gegenseitig und zusammen sind sie ein unschlagbares Team. Als Dosis sind 50 bis 100 mg OPC täglich zu empfehlen, aber die Menge kann auch unbedenklich verdoppelt werden. OPC wird innerhalb von Minuten über die Mundschleimhaut aufgenommen und ist wenige Minuten später bereits im Blut nachweisbar. Wegen seiner geringen molekularen Größe passiert OPC genau wie Vitamin C die Blut-Hirn- sowie

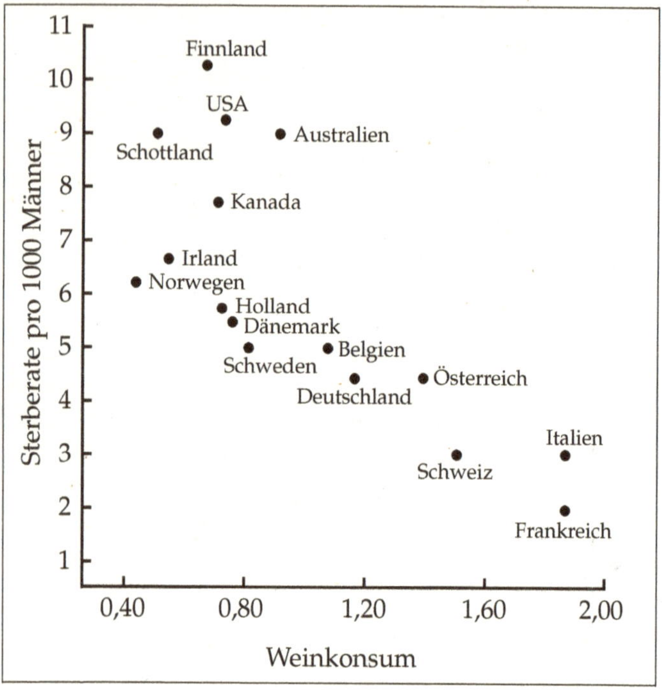

die Rückenmark-Schranke und wirkt auch dort, wo andere Substanzen gar nicht hinkommen. Schon 24 Stunden nach der Einnahme von OPC hat sich die Widerstandsfähigkeit der Blutgefäße signifikant erhöht. Und besonders wichtig ist, dass OPC in Verbindung mit Vitamin C seine segensreiche Wirkung immer entfaltet, ganz gleich ob Sie 18 oder 80 Jahre alt sind.

9

Zusammenfassung

Jeder von uns hat einen Körper, der dafür geschaffen ist, etwa 130 Jahre alt zu werden und dabei vollkommen gesund und vital zu bleiben, wenn wir ihm optimale Bedingungen bieten. Übersäuerung ist eine der gefährlichsten Zivilisationskrankheiten, denn Gesundheit ist unmittelbar abhängig vom Säure-Basen-Gleichgewicht unseres Körpers. In der Naturheilkunde ist die Harmonisierung des Säure-Basen-Gleichgewichtes die wichtigste Grundlage *jeder* Behandlung, ohne die keine Therapie zu wirklicher Heilung führt. Unsere unnatürlichen Ernährungsgewohnheiten haben dazu geführt, dass der Basenanteil praktisch ständig zu gering und der Körper so bei den meisten Menschen übersäuert ist.

Die Hauptursache für die Übersäuerung des Körpers sind:

- falsche Ernährung – zu viel Eiweiß, Zucker, Alkohol, gesättigte Fettsäuren und denaturierte Nahrungsmittel, die keine *Lebens*mittel mehr sind
- falsche Essgewohnheiten – wir essen das Falsche, zu hastig und zur falschen Zeit
- Genussgifte wie Nikotin, Alkohol usw.
- Umweltgifte (wie Insektizide, Pestizide und Herbizide) und Elektrosmog
- chemische Arzneimittel

- falsche Lebensweise, die zu Ärger, Stress, Angst, Aggressionen und unverarbeiteten psychischen Belastungen führt.

Das hat zahlreiche Beschwerden zur Folge: Man fühlt sich abgespannt, ist chronisch müde, erholt sich nur sehr langsam und unzureichend. Verspannungen, Kopfschmerzen und Rückenschmerzen sind die häufige Folge, und unklare Schmerzzustände werden zu einer immer größeren Belastung. Damit signalisiert der Körper, dass er der Säureflut nicht mehr Herr wird und dringend Hilfe braucht. Gelingt die Entschlackung und Entsäuerung nicht zwischen zwei Mahlzeiten oder während der Nacht, wird das Bindegewebe immer mehr mit Säuren überlastet, bis es von der *latenten* zur *akuten Azidose* kommt. Erfolgt hier keine Änderung, kann das tödliche Folgen haben. Die Übersäuerung ist bei den meisten Menschen zur Regel geworden. Die Azidose des Körpers ist auch die Grundlage für das Entstehen von Krebs, der immer ein übersäuertes Milieu braucht. Eine gründliche Entsäuerung führt letztlich zu psychischer und körperlicher Gesundheit.

Wenn man trotz »normaler« Ernährung morgens schon einen pH-Wert von 7 und mehr im Urin feststellt, *kann* eine Blockade der Säureausscheidung vorliegen. Liegt der pH-Wert drei Tage morgens in diesem Bereich, ist eine Blockadelösung zu empfehlen. Wie bereits weiter vorne ausgeführt, erreicht man die Lösung der Blockade, indem man morgens einen gehäuften Teelöffel Basenmittel in einem bis zwei Glas Wasser trinkt, einen Tag aussetzt und am nächsten Tag noch einmal morgens einen gehäuften Teelöffel davon einnimmt. Am fünften Tag wird der Urin morgens sauer sein, und die Blockade der Säureausscheidung ist aufgehoben.

Bei jeder Entsäuerung ist darauf zu achten, dass man reichlich trinkt und das Basenmittel nicht in Mineralwasser nimmt, weil sonst ein beachtlicher Teil der Basen durch die Kohlensäure neutralisiert wird. Die Wiederherstellung des Säure-Basen-Gleichgewichtes kann der entscheidende Schritt zu Gesundheit und Vitalität sein, denn es ist die Grundlage für *alle* Funktionen im gesamten Organismus. Übersäuerung und Verschlackung lähmen unser Immunsystem und machen uns anfälliger für alle Infektionen, mit denen ein intaktes Immunsystem leicht fertig würde.

Die ernährungs- und verhaltensbedingte Azidose des Körpers entsteht meist durch Unwissenheit über die Bedürfnisse des eigenen Körpers und die einfachen Schritte, ihm wirkungsvoll zu helfen.

Der pH-Wert wird am einfachsten mithilfe von Teststreifen im Urin gemessen, der die Gewebesituation fast exakt widerspiegelt, wobei ein Wert von 7,35 bis 7,4 der Idealwert zu sein scheint, weil der Körper im Blut exakt diesen Wert mit nur ganz geringen Toleranzen einhält und man dabei das größte Wohlgefühl spürt.

Aber auch trotz ausreichenden Basenangebotes kann der pH-Wert plötzlich bis auf einen Wert von 5,5 sinken, bei Säurespitzen sogar bis auf 5. Der Grund dafür liegt darin, dass der Körper immer wieder bei genügendem Basenangebot eine weitere »Sondermülldeponie« auflöst, was zu einer plötzlichen Säureflut führt. Lassen Sie sich also dadurch nicht irritieren, geben Sie dem Körper in einem solchen Fall einfach noch mehr Basen und trinken Sie reichlich.

Bei Basenmangel »welkt« der Körper darin, weil er keine lebensgerechten Bedingungen vorfindet. Dabei wirkt sich die Übersäuerung nicht nur auf den gesundheitlichen Zustand des Körpers katastrophal aus, sondern auch auf das Gemüt. Die Entsäuerung führt oft zu unerwarteten, beglückenden Besserungen. Kopfschmerzen und andere Symptome, die vielfach schon über Jahre hinweg bestanden, verschwinden in nur wenigen Tagen für immer. Unausgeglichene und überreizte Menschen erleben bei der Entsäuerung oft innerhalb von kurzer Zeit einen nachhaltigen Stimmungsumschwung. Wenn sie ein Säure-Basen-Gleichgewicht erreicht haben, fühlen Sie sich wie neu geboren. Die wohltuende Wirkung kann durch ein Basenbad mit einem pH-Wert von 7,5 bis 8,5 noch zusätzlich gesteigert werden. Viele empfinden das geradezu als ein »Verjüngungsbad«.

So wichtig die gründliche Entsäuerung des Körpers auch ist, noch wichtiger ist die Remineralisierung, die Wiederauffüllung der Mineralstoffdepots des Körpers. Meistens ist der Mangel so groß, dass eine basische Ernährung allein nicht ausreicht und man eine Basen spendende Nahrungsergänzung braucht.

Dabei sollten Zucker und Salz nur äußerst sparsam verwendet werden, denn beide sind Gifte für den Körper, auch wenn er etwas Salz braucht. Obst ist ein idealer Tagesbeginn, wenn Sie bis Mittag nichts anderes essen. Dazu gehören täglich ein bis zwei Bananen, denn keine andere Frucht hat eine solche ausgewogene Nährstoffbilanz. So oft wie möglich sollten Sie Kartoffeln essen – die tolle Knolle. Und möglichst täglich eine ordentliche Portion Gemüse, was immer die Saison bietet. Auch Jogurt hat viele Vorteile, die Sie immer wieder nutzen sollten.

Zahlreiche unerwünschte Substanzen bleiben nur deshalb im Körper zurück, weil zu wenig Sauerstoff vorhanden ist, um sie zu verbrennen. Zur gründlichen Entsäuerung gehört es daher auch, eine ausreichende Sauerstoffversorgung sicherzustellen. Das heißt vor allem, für genügend tägliche Bewegung sorgen, ebenso wie für ausreichend Mineralstoffe und Spurenelemente.

Wenn Sie sich in Verbindung mit gesunder Ernährung und genügend Bewegung die »natürliche Vollatmung« angewöhnen, werden Sie außerdem noch wie von selbst abnehmen, in kurzer Zeit Ihr »Wohlfühlgewicht« erreichen und mühelos halten.

Die Übersäuerung des Körpers ist auch deswegen so gefährlich, weil sie zur Azidosestarre der roten Blutkörperchen führen kann, sodass diese die feinen Kapillaren nicht mehr passieren können und sie sogar verstopfen, was zu Herzinfarkt und Schlaganfall führen kann.

Achten Sie beim Fasten auf eine tägliche Basenflut, weil gerade beim Fasten besonders viele Säuren frei werden.

Sie können Ihrem Körper helfen, indem Sie täglich morgens eine »Ölziehkur« machen, ein wichtiger Schritt auf dem Weg zur wirklichen Heilung. Viele Menschen wollen aber gar nicht wirklich gesund werden, sie wollen nur *keine Beschwerden mehr haben*. Heilen ist im Grunde ein »Erinnern« an die innewohnende Harmonie, um wieder zu leben, wie wir von der Schöpfung »gemeint« sind. Sie können diese notwendige Reinigung wirksam unterstützen, indem Sie im Frühjahr und im Herbst eine Trinkkur mit einem entschlackenden und blutreinigenden Tee machen.

Und vergessen Sie nicht, täglich wirklich ausreichend Vitamin C zu nehmen, das heißt 1 bis 3 Gramm in mehreren Dosen über den Tag verteilt, weil Vitamin C vom Körper weder selbst hergestellt noch gespeichert werden kann. Vitamin C hat so viele segensreiche Wirkungen für Ihren Körper, dass Sie darauf nicht verzichten können. Besonders segensreich wirkt es in Verbindung mit OPC, das Sie inzwischen in jeder Apotheke bekommen, denn OPC verstärkt die Wirkung des Vitamin C um ein Vielfaches.

Gemeinsam sind sie ein unschlagbares Team im Dienste Ihrer Gesundheit und verlängern wahrscheinlich deutlich Ihr Leben.

Es liegt also in Ihrer Hand, die segensreiche Wirkung der Entsäuerung und des ständigen Säure-Basen-Gleichgewichtes zu nutzen, um sich in einem gesunden und vitalen Körper viele Jahre zusätzlich wohl zu fühlen und das Leben zu genießen, denn

Man muss nicht erst krank sein,
um gesund zu werden!

Zum Abschluss

Sie haben einen wunderbaren Körper, einen guten Freund, der Sie mit einem Symptom nicht ärgern möchte, sondern Sie in seiner »Sprache« um Hilfe bittet, damit er Ihnen dienen kann, bis Ihre Aufgabe in der »Schule des Lebens« erfüllt ist. Selbst das Wort »unheilbar« bedeutet nur, dass eine Krankheit derzeit mit äußeren Mitteln noch nicht zu heilen ist, und stellt damit eine Aufforderung dar, nach innen zu gehen und dem Körper die richtige Antwort auf seine Botschaft zu geben. Dann werden Sie erleben, wie das Symptom im Nichts verschwindet, dort, wo es hergekommen ist. Es hat seinen Zweck erfüllt und wird nicht mehr gebraucht, und so löst es der Körper wieder auf.

Wenn Ihnen Ihr Körper wieder einmal in der »Sprache der Symptome« eine Botschaft schickt, dann verstehen Sie und wissen, was zu tun ist. Es kann sein, dass Ihnen die heutige Medizin noch nicht helfen kann, aber *Sie* können sich helfen, und das kann Ihnen wie ein Wunder erscheinen, aber in Wirklichkeit ist es gar kein Wunder, sondern folgt einer natürlichen Gesetzmäßigkeit, die wir nur noch nicht erkannt haben. Es genügt nicht zu wissen, dass das Leben ein Spiel ist, man muss auch die Spielregeln kennen. Erst dann wird das Leben wirklich zum Spiel und ein faszinierendes Abenteuer, in dem *Sie* die Hauptrolle spielen.

Und Ihr Freund, der Körper, ist jederzeit bereit, wieder gesund zu werden und bis ins hohe Alter zu bleiben, wenn Sie ihm dabei helfen, denn:

Sie sind Ihr bestes Medikament!

Wenn Sie sich *wirklich* für vollkommene Gesundheit entschieden haben, dann sollten Sie sich von niemandem mehr sagen lassen, was zu tun ist. Hören Sie nur noch auf den zuverlässigsten Berater, den es gibt, Ihren Körper.

Schaffen Sie sich die vitalisierende Wirkung der Alpenluft, indem Sie zu Hause, in Ihrem Auto und an Ihrem Arbeitsplatz ständig einen Vital-Ionengenerator benutzen. Er reinigt die Luft, macht sie keimfrei und schenkt Ihnen ein Wohlgefühl, das Sie nicht mehr missen möchten.

Damit Sie dieses Wohlgefühl noch lange genießen können, hier eine für Ihre Lebenserwartung sehr wichtige Übung. Machen Sie sich einmal das gegenwärtige Alter Ihres Körpers bewusst und rechnen Sie aus, wann Sie 120 Jahre alt sein werden. Halten Sie diese Jahreszahl in Ihrem Gedächtnis und machen Sie sich immer wieder einmal klar, wie viel Zeit Sie noch vor sich haben und was Sie alles mit dieser Zeit anfangen können. Erfüllen Sie die Zeit bis dahin mit immer neuen Vorstellungen eines erfüllten Lebens. Wenn sie z. B. sechzig sind, beginnt gerade erst Ihre zweite Halbzeit. In der ersten Hälfte haben Sie sicher manchen Fehler gemacht, weil Sie noch nicht wussten, wie Leben funktioniert. In der zweiten Halbzeit können Sie Ihr

Wissen praktisch nutzen und ein Leben im Ein-Klang mit den Naturgesetzen führen. Sie können reisen, ein Buch schreiben, eine neue Tätigkeit beginnen, während andere sich »zur Ruhe setzen«. Sie können eine neue Partnerschaft eingehen, mit anderen Worten, Sie können ein ganz neues Leben beginnen oder das begonnene erfüllter fortsetzen. Geben Sie so Ihrem Unterbewusstsein das Programm eines langen erfüllten Lebens und einen Grund, den Körper gesund und vital zu erhalten.

Und wer weiß, vielleicht treffen wir uns eines Tages mit achtzig auf dem Tennisplatz und erkennen an der Lebensfreude, die uns aus den Augen blitzt: Da ist auch einer, der das Geheimnis kennt, das eigentlich gar keins ist.

Genießen Sie Ihr Leben
und jeden einzelnen Augenblick!

Anhang

Begriffserläuterungen

Alkalose

Eine Alkalose ist eine Verschiebung im Säure-Basen-Haushalt des Körpers in den alkalischen Bereich und führt zu einem Anstieg des pH-Wertes über 7,4. Sie entsteht durch einen Basenüberschuss und kommt nur in Ausnahmefällen vor. Durch hechelndes Atmen können Sie eine vorübergehende Alkalose im Blut herbeiführen, was zu Schwindel und Bewusstlosigkeit führen kann.

Azidose

Eine Azidose ist eine Verschiebung im Säure-Basen-Haushalt des Körpers in den sauren Bereich. Sie ist heute bei den meisten Menschen als Gewebeazidose die Regel, wodurch sich das Krankheitsrisiko um ein Vielfaches erhöht. Noch verbreiteter ist die latente Azidose. Hierbei ist der pH-Wert noch in Ordnung, aber bei ständiger Reduzierung der Basenspeicher des Körpers. Das biologische Gleichgewicht liegt im Blut und im Gewebe bei einem pH-Wert von 7,35 bis 7,4. Werden die Nieren mit einem Zuviel an Säuren nicht mehr fertig, müssen diese durch Basen aus dem Körper neutralisiert und im Gewebe gelagert werden. Der Körper verfügt im Blut, in Knochen und Zähnen, im Haarboden und in den Gelenken über Basenspeicher, auf die er bei Bedarf zurückgreift, was jedoch zu Störungen in diesen Bereichen führt.

Basen

Basen sind organische oder anorganische Verbindungen, die in wässrigen Lösungen Hydroxyl-(OH-)Ionen abgeben und damit eine basische Reaktion bewirken. Die bekannteste Base ist Natrumbikarbonat, besser bekannt als Natron. Andere Basen sind Verbindungen mit Kalium, Kalzium, Magnesium usw. Nahrungsmittel oder Produkte, nach deren Verstoffwechslung Basen übrig bleiben, werden als basenbildend bezeichnet. Besonders basenreiche Nahrungsmittel oder Produkte erzeugen im Körper eine Basenflut und helfen so, das gestörte Säure-Basen-Gleichgewicht wiederherzustellen.

Mineralstoffe

Mineralstoffe sind Substanzen, die im Körper weder produziert noch verbraucht, aber für den Stoffwechsel benötigt werden. Da es durch unsere Ausscheidungen zu einem ständigen Verlust solcher Mineralstoffe kommt, müssen sie laufend über die Nahrung ersetzt werden. Mineralstoffe, die wir in Mengen über 50 mg pro Kilogramm Körpergewicht benötigen, werden als Mengenelemente bezeichnet. Mineralstoffe mit einem durchschnittlichen Tagesbedarf von weniger als 50 mg pro Kilo Körpergewicht werden als Spurenelemente bezeichnet.

pH-Wert

Der pH-Wert zeigt die saure, neutrale oder basische Reaktion einer Lösung. pH ist die Abkürzung des lateinischen Begriffs: »potentia hydrogenii« und bedeutet »Wasserstoffionenkonzentration«. Der pH-Wert zeigt an, wie viel

Wasserstoffionen sich in einer Lösung befinden. Ein Wert von 1 bis 7 gilt als sauer, 7 gilt als neutral und ein Wert von 7 bis 14 gilt als basisch. Der effektive Neutralpunkt liegt jedoch bei pH 5,1, weil hierbei etwa die gleiche Menge an basischen wie sauren Teilchen vorliegt. Der Neutralpunkt des Körpers liegt allerdings bei 7,35 bis 7,4 und damit bereits deutlich im basischen Bereich. Das heißt, wir sind basische Wesen.

Puffersystem

Das Puffersystem bezeichnet die Fähigkeit des Körpers, Säuren auszuscheiden oder zu neutralisieren, um so die Balance im Säure-Basen-Haushalt herzustellen und zu erhalten. Dazu benötigt er ausreichend Basen und genügend Wasser. Ein hoher Bestand an Basen ist lebenswichtig und Voraussetzung für eine gute Gesundheit.

Säure

Eine Säure ist eine wässrige Lösung, die Wasserstoffionen abgeben kann, und ist vom Geschmack her oft nicht sauer (Zucker), während eine Lösung, die sauer schmeckt (Zitronensaft), basisch sein kann. Werden Säuren mit Basen gemischt, entsteht ein chemischer Prozess, der beide neutralisiert. Mit einem Blutgasautomaten lässt sich der Basenüberschuss ermitteln und nach der Henderson-Hasselbach-Gleichung exakt errechnen.

Bezugsquellen

Hier eine Übersicht über die derzeit angebotenen Fertigpräparate zur Entsäuerung und Remineralisierung des Körpers, die Sie in der Apotheke bekommen können – allerdings ändert sich das Angebot ständig:

Acidovert Tabletten
Alkala N Pulver
Basica Pulver, Basica Sport
Basofer N Dragees und Granulat
Basofer forte N Tabletten
Bullrich Salz Tabletten und Pulver
Bullrich Vital Basentabletten
Entsäuerungssalz nach Dr. Bösser
Flügge Basenmischung Pulver und Tabletten
Gelum Tropfen
Kaiser Natron Tabletten und Pulver
Metz Aktiv-Kalk Pulver
Neukönigsförder Mineraltabletten
Nimbasit
Orthomol-Präparateserie
Ottingers Blutsalzkur
Ovocalcin forte Dragees
Presselin Osmo Pulver
Rebasit Pulver
Stoffwechseldragees Molitor
Uricedin Granulat
Vedasan Basovita
Ventracid N Dragees

Interessenten, die mehr über die im Buch erwähnten Gesundheitsprodukte von Kurt Tepperwein (z. B. OPC, Q10, Balance plus, Vit.Ester C etc.) wissen wollen, verlangen unverbindlich und kostenlos die neuesten Gesundheitsinformationen bei folgenden Adressen:

Schweiz
Int. Akademie der Wissenschaften
St.-Markus-Gasse 11
FL-9490 Vaduz
Telefon: 00423 / 2331212
Fax: 00423 / 2331214
E-Mail: go@iadw.com
www.iadw.com
www.iaw-shop.ch

Deutschland/Österreich
Int. Akademie der Wissenschaften
Verlags- und Gesundheitsservice
Füssener Str. 52
D-87640 Biessenhofen
Telefon: 08342 / 8989378
Fax: 08342 / 2738
E-Mail: JAWBie@t-online.de

Tepperwein Net
Robert Ehrle
Johann-von-Schnitzer-Str. 8
D-88250 Weingarten
Telefon: 0751 / 20224134
E-Mail: info@tepperwein.net
www.tepperwein.net

Literatur

H. Aihara: *Säuren & Basen.* Verlag Mahajiva, Holthausen 1988.

Bachmann/Schleinkofer: *Die Kneipp-Wassertherapie.* Trias, Stuttgart 1992.

Beck/Oetinger-Papendorf: *Durch Entsäuerung zu seelischer und körperlicher Gesundheit.* 6. Auflage, Buchdienst Oetinger, Öhringen 1985.

Friebel-Röhring/Wellmann: *Wer ist Gesundheits-Killer Nr. 1?* Access Verlag, Königstein-Falkenstein, München 1992.

Grabowski, Siegfried: *Gewebsazidosen und Zivilisationserkrankungen«, in:* raum und zeit 60/92.

Hosch, Harald: *Gesund durch Entsäuerung.* Dr. Werner Jopp Verlag, Wiesbaden 1994.

Kapfelsberger/Pollmer: *Iss und Stirb.* 2. Aufl., dtv-Sachbuch, München 1986.

Kuratorium Knochengesundheit e. V.: *Sprechstunde Osteoporose.* Gräfe & Unzer Verlag GmbH, München 1996.

Markus/Fink: *Ich fühle mich krank und weiß nicht warum.* Ehrenwirth Verlag, München 1990.

Mayr: *Kneipp und die gesunde Ernährung.* K. F. Haug Verlag, Heidelberg 1993.

Müller-Mees, Elke: *Sauer macht nicht lustig.* Droemersche Verlagsanstalt Th. Knaur Nachfolger, München 1996.

Notelovitz/Ware: *Aufrecht bis ins hohe Alter.* Goldmann Verlag, München 1989.

Rauch: *Blut- und Säfte-Reinigung.* 19. Aufl., K. F. Haug Verlag, Heidelberg 1991.

Rauch. *Die Darmreinigung*. 39. Aufl., K. F. Haug Verlag, Heidelberg 1992.

Rauch/Mayr: *Milde Ableitungs-Diät*. 12. überarb. Aufl., K. F. Haug Verlag, Heidelberg 1992.

Sulzberger, Margret: *Säure-Basen-Kochbuch*. AT-Verlag, Aarau 1999.

Treutwein, Norbert: *Rat und Hilfe bei Übersäuerung*. Südwest-Verlag, München 1997.

Worlitschek, Michael: *Der Säure-Basen-Haushalt*. Karl F. Haug Verlag, Heidelberg 1995.

Worlitschek, Michael: *Praxis des Säure-Basen-Haushaltes*. Karl F. Haug Verlag, Heidelberg 1993.

Waerland, Are: *Übersäuerung als Grundursache der Krankheiten*. 13. Aufl., Humata Verlag, Bern 1998.

Wendt, Lothar: *Die Eiweißspeicherkrankheiten*. Karl F. Haug Verlag, Heidelberg o. J.